JN430184

3주의 기적, 내 삶을 바꾸는
습관의 힘

—

SHUKAN WA 3SHUKAN DAKE TSUZUKENASAI
Copyright © 2024 Shu Nagone

Original Japanese edition published in 2024 by SB Creative Corp.
Korean translation rights arranged with SB Creative Corp.
through Korea Copyright Center, Inc., Seoul.

이 책은 ㈜한국저작권센터(KCC)를 통한 저작권자와의 독점계약으로 ㈜두드림미디어에서 출간되었습니다.
저작권법에 의해 한국 내에서 보호를 받는 저작물이므로 무단전재와 복제를 금합니다.

3주의 기적,
내 삶을 바꾸는

습관의
힘

나고네 슈 지음
최윤경 옮김
서승범 감수

21 DAYS
To Change
Your Habits

두드림미디어

》》》

‘아침형 인간이 되고 싶은데 마음대로 되지 않는다.’
‘다이어트를 하고 싶은데, 무심코 과식해버렸다.’
‘자격증 공부를 시작했지만, 도중에 포기했다.’
‘계속 금연에 실패한다.’

좋은 습관을 익히고,
나쁜 습관은 버리고 싶다.

이 책은 그런 '습관이 지속되지 않아'
고민하는 사람을 위해서
'인지과학'과 '코칭이론'에 근거한
'습관화' 방법에 관해 이야기한다.

하지만 이 책을 손에 들고 있는 여러분이라면,
이미 여러 차례 무언가를 '습관으로 만들기 위해'
다양한 노력을 했을 것이다.

그런데 왜 지금까지의 방식으로는
지속할 수 없었던 것일까?
그리고 어떻게 하면 지속할 수 있게 될까?

»»»

그 답은 바로,
목표를 '3주'로
설정하는 것에 있다!

습관을 지속하기 위해서
처음에는 굳이 '지속하겠다'라는
생각 자체를 하지 않고,

우선은 '3주 동안'만 지속하는 것을 목표로
습관의 '정착'을 노린다.

»»»

그렇게 함으로써
뇌가 저절로 습관을
'계속하고 싶다'라고 여기는
상태를 만드는 것이다.

조금 아이러니하게 들릴지도 모르겠지만,

뇌의 구조를 생각해보면,

이 순서를 거치는 것이

결과적으로는 습관을

평생 이어지게 하는 방법이다.

»»»

그러면 왜 굳이 '3주'를 목표로 하면,
뇌가 '저절로 계속하고 싶어지는'
상태가 되는 것일까?

그 이유를 지금부터
이야기해보도록 하겠다.

3주의 기적, 내 삶을 바꾸는 습관의 힘

왜 '3주'를 목표로 하면
습관이 평생 지속될 수 있을까?

'계속하고 싶어도 이어지지 않는다.'

아침형 인간, 다이어트, 웨이트 트레이닝, 독서, 영어, 저축, 금연… 등 좋은 습관을 기르고 싶어서 몇 번이고 시도해보지만, 좀처럼 오래 지속되지 않아 고민인 분들이 많을 것입니다.

이 책은 무엇을 해도 작심삼일로 끝나버리는 분들을 위해서 '습관화'의 체계에 대해 이야기합니다.

'습관이 지속되지 않는다'라고 고민하는 여러분은 이미 과거에도 '습관'에 관한 책을 읽거나 여러 가지로 습관을 기르고자 시도해본 적이 있을지도 모릅니다. 혹시 있었다고 해도 괜찮습니다. 지금까지 실패한 것은 여러분의 잘못이 아닙니다. 그저 그것들이 인간 뇌의 근본적인 구조에 근거하지 않은 방법이었던 것뿐입니다.

이 책에서는 '인지과학'과 '코칭이론'의 관점에서 뇌의 구조에 근거한 '습관화 방법'을 전해드리겠습니다.

'너무 길게 잡은 기간'이 습관의 정착을 막고 있다

저는 이그제큐티브 코치인 나고네 슈라고 합니다. 지금까지 총 1만 명에게 '인지과학에 근거한 코칭'을 해왔습니다. **사람이 어떤 목표를 달성하기 위한 행동을 취하도록 하는 것이 코칭입**니다. 그때 하는 것이 '행동 변화'를 하게 만드는 것. 바로, 새로운 행동을 '습관화'시키는 것입니다.

그러나 기존의 코칭이론은 일정한 효과가 있기는 해도 인간의 근본적인, 특히 뇌의 관점에서는 조금 부족한 점이 있었습니다. 그래서 코칭에 '인지과학'을 합한 '인지과학 코칭'에 근거해서 누구나 쉽게 습관화할 방법을 전해드리고 있습니다.

자, 그러면 지금까지의 '습관화 방법'으로는 왜 실패를 하게 되었던 것일까요? 그 원인은 '갑자기 처음부터 오래 계속하려고 했기 때문에'입니다. 많은 사람이 무언가를 습관화하려고 할 때, 무의식적으로 '6개월, 1년, 3년, 5년…' 등 '오래 계속한다'라는 것을 전제하고 있습니다.

하지만 사람의 뇌는 '목표가 너무 멀면 습관이 정착되기 전에 의욕이 떨어진다'라는 성질이 있습니다. 아이러니하지만 '(습관을) 오래 지속하자'라는 의식 자체가 습관의 지속을 막는 것입니다.

'3주'를 목표로 함으로써 습관은 정착된다

습관이 오래 지속되기 위해서는 먼저, 그 습관을 정착시켜야 합니다. 하지만 여러분이 무의식적으로 가지고 있는 '오래 이어가자'라는 의식이 심리적 장애물이 되어 습관의 정착을 막습니다.

'급할수록 돌아가라'는 이야기는 아니지만, 습관을 오래 이어가기 위해서는 이러한 '오래 이어가자'라는 생각 자체를 없앨 필요가 있습니다. **바꿔 말하면, 정착만 시킨다면 그 뒤는 몸이 저절로 하게 된다는 의미입니다.** 왜냐하면 정착이란 '계속하지 않으면 기분이 나쁜 상태', '계속하지 않을 수 없는 상태'로 만드는 것이기 때문입니다.

하지만 그렇다고 해서 이 책의 습관화 방법이 '3주 동안만 이어지게 하는' 방법은 아닙니다. **뇌의 성질을 생각해서 먼저 목표를 일부러 '3주'로 정해서 우선 '정착'함으로써 그 후에도 습관이 평생 이어지도록 하는 방법입니다.**

'그러면 3주가 아니라 기간을 더 짧게 해도 되지 않을까?'라고 생각하는 분들도 계실 것입니다.

자세한 것은 프롤로그에서 이야기하겠지만, 뇌에는 여러분을 목표까지 밀어붙여 움직이게 하는 'GPS 기능'이 있습니다. 자동차를 운전할 때 내비게이션에 목적지를 입력하면 GPS가 알아서 안내해주는데, 사실 뇌에도 이와 같은 기능이 있습니다. 그리고 이 뇌의 'GPS 기능'이 정착되는 데 필요한 기간이 '3주'입니다.

이 책의 '3주 습관 전략'은 뇌의 이러한 'GPS 기능'의 원리에 근거해서 3주 동안 습관을 정착시키고, 그 후에 습관이 자동으로 계속 이어지게 하는 방법입니다.

몸매가 달라지니
아침형 인간도, 독서도, 금연도 할 수 있게 되었다!

물론 그렇다고 해도 저 역시 예전에는 '습관화'가 전혀 불가능했던 사람이었습니다. 저는 예전에 외국계 기업에서 일했는데, 오랫동안 건강에 무관심해서 그런지 회사에 다니고부터는 12kg이나 살이 쪘습니다.

그래서 몇 번이고 조깅을 습관화하려고 했지만, 결국 3일 이상 지속할 수 없었습니다. 다이어트뿐만이 아닙니다. 중국어 공부 역시 습관화하려고 했지만, 중국어는 5일 정도 이어지기는 했어도 딱 거기까지였고, 그 이후로는 참고서도 한번 열어 보지 않게 되었습니다.

그러나 '인지과학 코칭'을 통해 뇌의 성질에 맞는 '인간의 행동 원리'를 알게 되었고, '너무 길게 잡은 기간'이 습관화를 막고 있다는 것을 알게 되었습니다.

이후 일부러 '3주'를 목표로 하면서 여러 가지 습관을 이어갈 수 있게 되었습니다. 지금은 조깅이 습관이 되어 벌써 8년이나 계속하고 있습니다. 마찬가지로 중국어 공부 역시 6년이나 이어가면서 중국어권 친구나 지인과의 대화를 즐기고 있습니다.

이 '3주 습관 전략'을 실천한 클라이언트들 역시 다음과 같이 말했습니다.

"운동 습관이 전혀 없었는데, 새벽 산책을 5년 이상 하고 있다."
"정크 푸드를 너무 좋아했는데 벌써 1년 이상 먹지 않고 있다."
"너무 하기 싫었던 어학 공부가 전혀 힘들지 않게 되었다."

지금까지 '3주 습관 전략'을 시도한 3,000명이 '습관화'에 성공했습니다. 게다가 이 '3주 습관 전략'을 실천한 분들 대부분이 '하나의 습관을 몸에 익히면 모든 습관이 몸에 익는다'라는 것을 체험하게 되었다고 합니다.

예를 들어, 운동하는 것을 습관화하는 데 성공한 사람의 뇌는 그것을 긍정적인 정보로 인식해서 정크 푸드도 자제하게 됩니다. 그것이 또 한 번 긍정적인 정보로 뇌에 전해져 이번에는 일찍 일어나는 것이 습관화되어 금연도 습관화할 수 있게 되고, 독서 습관 역시 가질 수 있게 됩니다.

'인생은 습관이 결정한다'라는 것은 이처럼 한 가지 좋은 습관이 몸에 배면 그 밖의 많은 것들이 습관으로 이어지기 때문입니다. 여러분이 지금까지 습관이 몸에 배지 못했던 것은 여러분 잘못이 아닙니다. 그저 실행 방법이 적절하지 않았던 것뿐입니다.

이 책의 '3주 습관 전략'으로 많은 분이 습관화에 성공해 인생을 크게 바꿀 수 있다면, 그보다 더 좋은 일은 없을 것입니다.

나고네 슈

| 추천사 |

《3주의 기적, 내 삶을 바꾸는 습관의 힘》은 '습관 형성은 의지의 싸움이 아니라 뇌의 메커니즘을 이해하는 일'임을 탁월하게 보여주는 책입니다. 저자는 인지과학과 코칭을 접목해서 누구나 따라 할 수 있는 재현 가능한 습관화 과정을 설계했습니다.

특히 '3주'라는 기간 설정이 핵심입니다. 뇌의 신경 회로(시냅스 결합)가 안정적으로 만들어지는 데 필요한 시간이 약 3주이기 때문입니다. 3개월, 6개월과 같이 지나치게 긴 목표는 오히려 동기를 떨어뜨리지만, 3주는 도전할 만한 구체성과 성취감을 동시에 제공합니다. 결국 습관화의 목적은 '노력하지 않아도 자연스럽게 할 수 있는 상태'를 만드는 것이며, 그 전환점이 바로 이 최초의 3주간입니다.

책은 주 차별로 뚜렷한 전략을 제시합니다.

1주 차는 '외적 동기'를 명확히 하는 시기입니다. 이때 중요한 것은 '크게 시작하지 않는 것'입니다. 1시간 공부 대신 단 1분, 영어 단어 하나라도 좋습니다. 뇌의 GPS 역할을 하는 RAS(망상체활성계)를 목표에 맞게 세팅하고, 매일 작은 성취를 경험하는 것이 관건입니다. 이 과정을 통해 첫 주의 가장 큰 리스크—무려 42%가 탈락하는 지점—를 넘어설 수 있습니다.

2주 차는 '자기효능감'을 축적하는 단계입니다. '나는 할 수 있다'라는 확신을 키우면서, 조금씩 과제를 확장해 나갑니다. 단, 한 번에 너무 높이지 않고, 여전히 '컴퍼트 존'을 벗어나지 않는 수준에서 도전하는 게 핵심입니다.

3주 차는 '내적 동기'로 전환하는 시기입니다. 더 이상 억지로 하는 게 아니라, 그 행동 자체가 즐겁고, 의미 있게 느껴지는 상태로 들어갑니다. 영어 단어를 외우는 게 고통이 아니라 즐거움이 되고, 운동이 '해야 하는 일'이 아니라 '하고 싶은 일'이 되는 순간, 습관은 정착합니다.

이 구조는 제가 강조해온 트랜스포메이션(존재 수준의 전환) 과정과 정확히 겹칩니다. 억지로 자신을 몰아붙이는 것이 아니라, 점차 즐기며 '나답게' 지속하는 상태로 옮겨가는 것, 그것이 바로 진정한 변화의 힘입니다.

많은 사람이 실패하는 이유는 욕심내서 여러 습관을 동시에 시작하거나, 처음부터 지나치게 큰 목표를 잡기 때문입니다. 저자는 한 번에 하지만, 아주 작게 시작하는 실천 원리를 설득력 있게 제시합니다. 그 결과 이 책은 단순한 자기 계발 팁을 넘어, 삶을 근본적으로 재설계할 수 있는 실천 매뉴얼이 됩니다.

습관 형성에 여러 번 도전했지만 좌절했던 분들, 그리고 이제는 자신의 삶을 안정적이고 즐거운 방향으로 바꾸고 싶은 분들에게 이 책을 자신 있게 권합니다.

간다마사노리 공인 퓨처매핑® 코치
비즈니스 트랜스포메이션 코치
포토리딩 마스터
리드포액션 리딩퍼실리테이터
서승범

3주의 기적,
내 삶을 바꾸는
습관의 힘

CONTENTS

차 례

프롤로그

습관은 왜 3주만
계속하면 될까?
– 21일간을 목표로 하면 습관은 평생 이어진다

WEEK 0

준비 <mark>본격적인 '3주 습관 전략'에 들어가기에 앞서</mark>
– '외적 동기'를 만든다

1st WEEK

도입 1~7일 차
– 자기효능감을 높인다

2nd WEEK

지속 8~14일 차
– 자기효능감을 유지한다

3rd WEEK

정착 15~21일 차
– 내적 동기를 만든다

에필로그

습관이 평생 지속되는 세계로

습관은 왜 3주만
계속하면 될까?

– 21일간을 목표로 하면 습관은 평생 이어진다

'시작하며'를 통해 습관은
일부러 3주를 목표로 하면 오래 지속된다는 것,
그리고 그것은
뇌의 'GPS 기능'이 정착되는 기간이
3주이기 때문이라는 것을 알 수 있었습니다.

그러면 뇌의 'GPS 기능'을 작동시키려면
어떻게 해야 할까요?
뇌의 'GPS 기능'이란 무엇일까요?

본격적으로 습관화 전략을 알아보기 전에
우선은 뇌의 'GPS 기능'의 원리를
이해하기 위해서
'3주 습관 전략'의 핵심을
소개하겠습니다.

왜 지금까지의 습관화 방법으로는 지속할 수 없었을까?

뇌에는 목표까지 우리를 안내하는 'GPS' 기능이 있다!

'올해부터는 꼭 건강을 생각하면서 생활해야지.'
'다음 달부터는 아침형 인간이 되어야지!'
'다음 주부터 영어를 공부해야지!'

'어떻게든 지금의 생활을 바꾸고 싶다', '꿈이나 목표를 달성하고 싶다' 하는 생각에 연초나 월초, 주초에 새로운 습관을 시작하기 위해 목표를 세우는 분들이 많을 것입니다.

하지만 많은 분이 이 목표를 위한 노력을 이어가지 못하고 좌절하게 됩니다. 그럴 때마다 자신이 왜 습관화에 실패하는지 그 원인에 대해 고민했을 것입니다. '나는 끈기가 없어', '노력할 수 없어', '체력이 없어' 등. '나는 새로운 도전을 하는 것이 맞지 않는 인간일까…?'라고 어느새 포기하는 사람도 있을 것입니다.

하지만 이 책을 손에 쥔 여러분은 아직 포기할 수 없어서 습관화할 수 있는 방법을 어떻게든 알고 싶을 것입니다.

안심하세요. 여러분이 습관을 몸에 배게 할 수 없었던 것은 끈기가 없는 것도, 노력할 수 없는 것도, 체력이 없는 것도 아닙니다.

여러분이 새로운 습관을 자신의 라이프 스타일 안에 포함시킬 수 없는 것은 뇌의 문제입니다. 다시 말해, 뇌의 'GPS 기능'을 잘 활용하지 못하고 있는 것뿐입니다.

뇌의 'GPS 기능'이라고 하면 사실 바로 감이 오지 않겠지만, 그냥 GPS 기능이라면, 우리가 평소에 사용하고 있습니다. GPS 는 'Global Positioning System'의 약자로, 인공위성(GPS 위성)의 전파를 수신해 현재 위치를 특정하는 구조입니다. 자동차의 내비게이션 시스템이나 스마트폰의 지도 앱, '포켓몬 GO' 등의 게임에서도 사용되고 있습니다.

길치라도 스마트폰 지도 앱에 목적지를 입력하면, 자신의 위치 정보와 목적지로 가는 길을 알 수 있게 됩니다. 이는 다 GPS 기능 덕분입니다.

GPS 기능을 잘 활용하기 위해서는 목적지가 명확한 것이 좋습니다. 예를 들어, 시부야의 레스토랑에서 친구와 약속했는데 장소를 모를 때, 가게 이름이나 주소를 입력하면 목적지까지의 최단 거리를 제시해서 안내해줍니다. '시부야역'이라고만 입력한다면 레스토랑까지 가는 길을 가르쳐주지 않습니다.

'그건 당연하잖아…'라고 생각할지도 모르지만, 많은 사람이 뇌의 'GPS'에는 목적지를 제대로 입력하지 않습니다. 스마트폰의 GPS와 뇌의 'GPS 기능'은 같습니다. 목표가 명확하지 않으면 도착 지점의 지시를 받지 못하고, 어디로 가야 할지 알 수 없게 됩니다. 그렇기에 습관을 지속할 수 없는 것입니다.

뇌의 'GPS 기능'을 사용하지 않으면
욕망대로 하기 쉽다

습관화하기 위해서는 습관의 목적지를 명확히 하는 것이 중요합니다. 예를 들면 '건강을 생각하면서 생활해야지', '아침형 인간이 되어야지!'라는 목표는 명확하지 않습니다. 구체적으로 무엇을 해야 할지 뇌가 판단할 수가 없는 목표입니다. 시부야 레스토랑에 가고 싶은데 너무 포괄적으로 '시부야역'이라고 입력한 상태라고 할 수 있습니다.

'건강을 생각하면서 생활해야지'라고 한다면, '이번 달은 샤워하기 전에 매일 10번 팔 굽혀 펴기를 하겠다'라거나, '아침형 인간이 되어야지!'라고 한다면, '앞으로 3주간 평일에는 아침 6시에 일어나겠다'와 같이 목표를 수치로 표현할 수 있어야 뇌의 'GPS 기능'이 움직입니다.

많은 분이 습관화하기 힘들어하는 어학 역시 'GPS 기능'이 잘 작동하도록 목적지를 설정하면 좀 더 쉽게 습관화할 수 있습니다. '영어 공부를 매일 30분 하겠다'가 아니라, '매일 30분 공부해서 내년까지 토익 점수를 지금보다 200점 올리겠다'라고 하는 구체적인 목표로 정해야 GPS 기능이 작동합니다. 목표를 좀 더 명확히 하면 뇌는 그 목표를 향해 지시를 내립니다.

지금까지 여러분이 형편없는 사람이라서 실패했던 것이 아닙니다. 목표를 세우는 방법이 뇌의 원리에 맞지 않았을 뿐입니다. 사람이 의식적으로 행동할 때는 반드시 뇌의 'GPS 기능'이 움직이기 시작합니다. 운동이나 공부, 다이어트를 시작해서 잘 습관화된 사람은 스스로 의식하고 있는지와는 상관없이 뇌의 'GPS 기능'을 잘 작동시키고 있는 것입니다.

그러면 반대로 'GPS 기능'을 잘 작동시키지 않으면 우리는 어떻게 될까요? 그저 욕망에 휩쓸리는 상태가 됩니다. 일해야 하는데 스마트폰을 만지게 되거나, 과식하고 있다는 것을 알면서도 편의점에서 디저트를 사버리고, 춥고 귀찮아서 매일 아침 산책하러 가지 않은 경험이 누구에게나 있을 것입니다.

뇌가 쾌락을 느끼는지, 아닌지가 행동의 방아쇠가 됩니다. 뇌가 기분 좋게 느끼는지, 불쾌하게 느끼는지가 그 행동을 계속할 수 있느냐, 포기하게 되느냐를 나눈다고 해도 과언이 아닙니다.

이 책에서는 인지과학의 구조를 현명하게 활용함으로써 습관화에 가까워지도록 합니다. 이 구조가 바로 'GPS 기능'입니다. 'GPS 기능'을 잘 활용할 수 있게 되면, 처음에는 내키지 않았던 습관화도 의욕을 강하게 유지하면서 계속할 수 있게 됩니다.

그리고 어느샌가 계속하는 것 자체가 즐거워지고 목표를 위해 노력하는 것이 힘들지 않게 됩니다. 최종적으로는 '습관화를 위해서 해야 한다'라고 의식하지 않고도 일상생활에 자연스럽게 포함시킬 수 있게 됩니다.

요즘 시대는 모든 곳에 유혹이 널려 있어요. 습관화를 중도 포기할 수 있는 원인이 너무 많다는 것입니다. 독자 여러분도 몇 번이고 유혹에 넘어간 적이 있을 것입니다. 그러한 환경에서 욕망에 지배되지 않고 자신을 다스리려면 지금까지와는 다른 방식이 필요합니다. 그리고 그것은 뇌의 'GPS 기능'을 사용하면 쉬워집니다.

뇌의 GPS 기능=뇌의 RAS 기능

'뇌의 GPS 기능은 뭔가 알 것 같기도 하지만, 정말일까….'

여기까지 읽고 아마 반신반의하는 분들도 있겠지만, 뇌의 'GPS 기능'은 과학적 근거에 기반하고 있습니다. 뇌의 'GPS 기능'은 비유적인 표현이고, 정식으로는 RAS(Reticular Activating System, 망상체활성계)라는 부위의 기능 중 하나입니다.

RAS는 1949년에 이탈리아의 피사 대학교의 호레이스 매군(H.W. Magoun)과 주세페 모루치(Giuseppe Moruzzi)라는 과학자에 의해 발견되었습니다.

그들은 뇌 속에서 수면과 기상을 조정하는 신경을 조사하다가 RAS를 발견했습니다. 이후에도 과학자들이 연구를 진행한 결과, RAS는 뇌에 들어가는 거의 모든 정보를 중계하고 있는 것을 알아냈습니다.

뇌는 RAS가 보내온 정보를 바탕으로 여러 생각을 하거나 느끼고, 어떤 행동을 취해야 하는지 몸에 지시를 보냅니다. 사람이 보는 것, 듣는 것, 만지는 것, 느끼는 것은 모두 몸의 감각신경을 통해 RAS로 보내집니다.

즉, 뇌 안에서 어떤 사고나 감정이 만들어지는지, 행동하고자 하는 의욕이 일어나는지 여부는 RAS에 달려 있다고 할 수 있습니다.

RAS는 '정보의 구분 장소'입니다. 어떤 정보가 필요하고, 어떤 정보가 필요 없는지, 그리고 필요한 정보에 얼마나 주의를 기울여야 할지를 판단합니다. 이 기능은 매우 중요합니다.

뇌에는 대량의 정보가 흘러들어옵니다. 우리의 뇌는 매초 4억 비트(1비트(Bit)는 컴퓨터가 취급하는 데이터의 최소 단위)의 정보를 처리하고 있다고 합니다. 물론 독자 여러분이 그것을 의식할 수는 없습니다. 그런 많은 양의 정보를 의식적으로 처리하려고 하면 뇌는 혼란스러워질 것입니다.

이러한 정보의 취사를 담당하는 것이 RAS입니다. 들어오는 정보를 걸러내 무엇에 주의를 기울이게 할지, 얼마나 관심을 불러일으킬지, 어떤 정보를 차단해 뇌까지 도달하지 않게 할지를 판단합니다.

중요한 것은 'RAS가 어떻게 정보를 분류하느냐'입니다. 이 정보의 구분이 바로 'GPS 기능'이 됩니다.

RAS는 들어오는 정보를 가려내고 주의를 기울여야 하는 순서대로 우선순위를 매깁니다. 외부로부터의 정보를 구분해, 자기 생각에 딱 맞는 정보나 자신이 평소에 익숙한 일의 정보를 골라냅니다. 그리고 그 골라낸 정보에 자신의 의식을 끌어당깁니다.

그 구분의 정확도를 높이려면 목표를 명확히 해야 합니다. 목표를 분명하게 함으로써 중요한 정보에 초점을 맞출 수 있습니다. 자신이 어디에 가고 싶은지를 명확히 하면, 어떻게 가는지 알 수 없어도, 스마트폰 GPS가 알아서 이끌어주는 것과 마찬가지입니다.

목표만 정하면 RAS가 그것에 도달하기 위한 정보를 모으기 시작합니다. 다른 정보에 현혹될 것 같아도 직진으로 바로 가야 할 길을 보여줍니다.

전문가 중에는 RAS를 전쟁에서 사용하는 공격용 미사일로 비유하는 사람도 있습니다. 미사일은 목표 좌표를 입력하고 발사 버튼을 누르면 아무것도 하지 않아도 바로 거기까지 날아갑니다. 어떤 방해를 받더라도 목적지를 목표로 합니다. RAS 역시 목적지에 도착할 때까지 주위에 어떤 정보가 있더라도 중요한 정보만을 계속 취합니다.

'GPS 기능'
뇌 작동 원리

원리 ① '무조건 이렇게 되고 싶다!'
 - '외적 동기'가 뇌의 RAS 기능을 작동시킨다

　뇌의 'GPS 기능'을 작동시키는 것이 습관화하기 위한 가장 큰 포인트가 된다는 것은 이해하셨을 것입니다. 그렇다면 뇌의 'GPS 기능'은 어떻게 움직이게 해야 할까요?

　이것은 조금 고민해볼 필요가 있습니다. 왜냐하면, 본래 뇌의 'GPS 기능'은 즐겁다, 기쁘다 등의 감정을 수반하는 행동에 반응합니다. 하지만 안타깝게도 습관화를 위한 행동은 실행 초기에는 보통 힘들거나 괴로운 경우가 대부분일 것입니다.

　어학이나 웨이트 트레이닝도 즐겁게 할 수 있다면, 많은 사람이 습관화하려고 고생하지 않을 것입니다. 하는 것 자체는 사실 그다지 재미있지 않을 것입니다. 그래서 뇌의 'GPS 기능'을 잘 작동시키기 위해서는 장치가 필요합니다. 즉, 뇌를 속여야 합니다.

먼저, 여러분은 습관화할 때 어떠한 이상이 있을 것입니다. '그 사람처럼 되고 싶다'라는 막연한 장래상입니다. 이것을 '외적 동기'라고 부르는데, 우선 이 동기를 지니는 것이 누구나 무리 없이 'GPS 기능'을 자연스럽게 작동시키는 첫걸음이 됩니다.

외적 동기는 '그 사람처럼 되고 싶다', '미래에는 이렇게 하고 싶다'라고 하는 동경 같은 이미지입니다. 이것을 좀 더 정확하게 정의하면, '행위 그 자체가 아니라 외부가 가져다주는 어떠한 것을 목표로 해서, 그 목표를 실현하기 위해 행동하고자 하는 것'이 됩니다.

가장 쉬운 예가 비즈니스 현장입니다. 비즈니스에서 외적 동기 부여는 상사가 부하에게 어떤 일을 해줬으면 할 때, 혹은 조금 어려운 일을 건네면서 성장했으면 할 때 제시하는 경우가 많습니다.

"목표를 달성하면 보너스를 10만 엔 더 드리겠습니다!"

"이번 분기 영업 성적이 전 분기를 넘어서면 승진의 기회를 드리겠습니다."

이런 경우, 열심히 하는 사람도 많을 것입니다. 이는 '보상'이라고 하는 외적 동기입니다. 행위 자체가 아닌, 동기에 의해 행동이 촉구되고 있습니다. 이처럼 보상이나 의무, 상벌, 강제 등에 의해서 생기는 동기 부여가 외적 동기입니다.

외적 동기는 대부분 어떠한 목적을 달성하기 위해서 이용됩니다. 일 이외에도 '가고 싶은 대학교에 가고 싶으니까 공부를 열심히 할 거야', '인기가 많아지고 싶으니까 다이어트를 힘내서 해야지!'와 같은 경우도 외적 동기 부여가 됩니다.

돈을 받을 수 있다, 지위가 높아질 수 있다, 유명해질 수 있다, 인기가 생길 수 있다 등이 우리 주변에서 쉽게 볼 수 있는 외적 동기 부여의 예일 것입니다.

아마 여러분도 무언가 새로운 것을 시작할 때는 외적 동기가 그 계기가 되었을 것입니다. 하지만 외적 동기 부여는 치명적인 약점이 있습니다. 일반적으로 외적 동기의 효과는 일시적이기 때문입니다.

예를 들어, 일에서 성과를 내면 고액의 성과급을 받을 수 있는 것을 동기로 삼아 열심히 한다고 해도 '돈은 받을 수 있지만, 뭔가 재미없네'라고 느끼는 사람도 적지 않을 것입니다.

외적 동기 부여는 계기가 되어주는 효과가 있기는 있지만, 오랜 기간 계속 일하거나 성장하는 데 반드시 효과가 있다고는 할 수 없습니다.

본래는 '행위 자체가 즐거운 상태(내적 동기)'가 될 수 있다면, 가장 좋겠지만, 만약 그런 상태라면, 이미 여러분은 습관화에 성공한 상태일 것입니다. 그다지 즐겁지 않기 때문에 지금 이렇게 고생하고 있는 것이겠지요.

'보상을 위해서 시작하는 것은 조금 아닌 것 같다'라고 생각하는 사람도 있을지도 모르지만, 즐거워서 하는 상태(내적 동기)에 도달시키기 위해서는 뇌의 기능을 생각한다면 차근차근 단계를 밟아나갈 필요가 있습니다. 무의식적으로 행동할 수 있는 단계까지 도달하기 위해서는 초기 단계에서 일정한 보상이 필요합니다.

외적 동기는 왜 GPS 기능을 작동시킬까?

내키지 않는 행동을 습관화하기 위해서는 우선 자신이 되고 싶은 모습을 외적 동기를 통해 명확히 한 후, 'GPS 기능'을 작동시키는 것이 효과적입니다. 이때 가능한 한 목표는 명확하게 해야 합니다.

왜냐하면, 목표를 명확히 함으로써 뇌의 'GPS 기능(RAS)'이 그것을 중요한 정보로 인식하기 쉬워지기 때문입니다. RAS는 중요한 정보에 초점을 맞추는 역할을 담당하고 있습니다. 목표가 시각화되면 뇌는 그것을 중요한 정보로 인식하고 집중하기 쉬워집니다. RAS가 우선으로 처리할 수 있게 되는 것입니다.

뇌가 목표를 달성함으로써 얻을 수 있는 보상이나 충족감은 강력한 동기 부여가 됩니다. 외적 동기는 목표 달성에 의해 얻을 수 있는 보상이나 긍정적인 자극과 관련이 있기 때문에 RAS가 반응하게 됩니다. '목표를 달성하면 보너스를 받는다'라고 하면 자극이 되고, 습관화를 위한 행동에 의욕을 불러일으킵니다.

뇌는 변화를 싫어합니다. 의식적으로 새로운 일에 임하는 처리 능력도 한정되어 있습니다. 그래서 한정된 자원을 최적으로 이용하는 효율주의 구조입니다.

외적 동기로 특정한 명확한 목표에 뇌의 주의를 기울이게 함으로써 뇌의 'GPS 기능'을 우선적으로 작동시키는 것이 가능해집니다.

다만, 외적 동기 부여에 의해 'GPS 기능'이 작동하는 것은 의식적으로 만들어진 상태입니다. 뇌의 구조를 잘 이용해서 뇌를 속인 상태라고 할 수 있습니다. 이는 지속성이 부족해서 계속 이어지지 않습니다.

의욕이 높은 이 상태를 유지하기 위해서는 결국 '행위 그 자체가 즐겁다'라고 느끼는 '내적 동기 부여'로 연결시킬 필요가 있습니다.

그러한 단계까지 가는 데 필요한 것이 **'자기효능감' 향상**입니다.

실현할 수 있을 것 같은 기분이 든다
– 자기효능감이 뇌의 RAS 기능을 강화한다

'자기효능감? 자기긍정감 아니고?'

이렇게 생각한 분들도 있을 것입니다. 또한, 자기효능감이라는 말을 처음 들은 분들도 계실 것입니다.

'자기효능감(Self-efficacy)'은 캐나다의 심리학자 앨버트 반두라(Albert Bandura)에 의해 제창된 개념입니다. 이것은 '사람이 행동이나 성과를 요구받는 상황에서 자신은 필요한 행동을 위해서 결과를 낼 수 있다고 생각하는 힘'을 말합니다.

간단히 말해서 **'나라면 할 수 있다'라고 생각할 수 있는 상태**입니다. 그래서 '나는 달성할 수 있다', '나는 능력이 있다'라는 확신이 있다면, '자기효능감이 높다'라고 할 수 있습니다. 반면, '나에게는 어렵다', '나는 능력이 없다'라고 생각하는 경우는 '자기효능감이 낮다'라고 할 수 있습니다.

예를 들어, 여러분은 영업 부문 신입사원으로, 고객에게 프레젠테이션해서 자사의 상품을 판매할 필요가 있다고 가정해봅시다. 회사에 이제 막 들어온 터라 아직 프레젠테이션을 제대로 해본 경험은 없지만, 회사 입장에서는 중요한 고객이기에 실패는

용납되지 않는 상황입니다.

이런 경우, 여러분은 어떤 생각이 드나요?

'나라면 설명을 잘할 수 있고, 영업할 수 있다!'라고 생각한다면 자기효능감이 높은 사람입니다.

반대로, '나는 설명을 잘할 자신이 없다. 영업에 실패할지도 모른다'라고 생각한다면, 자기효능감이 낮은 사람입니다.

'신입이라면 자신감이 없는 게 당연하지 않을까?'라고 생각할지도 모르지만, 자기효능감은 주위의 의견이나 객관적인 실현 가능 여부는 상관없습니다.

목표를 설정한 시점에서 달성까지의 길이 전혀 보이지 않을 뿐만 아니라 상상할 수 없어도 상관없습니다. **'내가 할 수 있다' 라고 '생각하고 있는지, 없는지'만이 문제입니다.**

주변 사람들이 '절대로 할 수 없어!'라고 말린다고 해도 스스로 '나는 반드시 할 수 있어!'라고 생각한다면, 자기효능감이 높다고 할 수 있습니다. 반대로, 어려운 것에 도전할 때 자기효능감이 높지 않은 상태에서는 주위의 만류에 불안해져 금세 그만두게 될 것입니다.

정리해보겠습니다. 자기효능감은 현상의 외부에 둔 목표, 즉 해본 적 없는 것, 상상조차 할 수 없는 것, 지금의 나에게는 굉장히 어려운 것에 대해 '나는 할 수 있다. 반드시 할 수 있다! 한다!'라고 마음속에서 우러나오는 기분입니다.

한마디로, '근거 없는 자신감'이라고도 할 수 있습니다.

흔히 비즈니스에서 성공하는 것은 '똑똑한 사람'보다는 '행동하는 사람'이라고 합니다. 행동하지 않으면 아무것도 얻을 수 없지만, 현명한 사람은 근거나 위험 요소를 먼저 생각하게 되는 경우가 많습니다. 앞뒤 안 가리고 바로 행동할 수 있는 사람은 '할 수 있다'라는 자신이 있는 자기효능감이 높은 사람입니다.

자기효능감은 미래, 자기긍정감은 '과거와 지금'에 대한 자신감

자기효능감과 비슷한 말로 자기긍정감이 있습니다. 자기긍정감이란 자기를 존중하고 자신의 가치를 느낄 수 있으며, 자기 존재를 긍정할 수 있는 힘입니다.

자기긍정감이 높은 상태라면, '있는 그대로 나를 받아들일 수' 있기 때문에 실패했을 때의 타격이 적습니다. '다음에는 힘내자', '실패해도 신경 쓰지 말자. 나는 그럴 만한 가치가 있는 사람이다'라고 생각하기 때문입니다.

즉, **자기긍정감은 '되든 안 되든 있는 그대로의 나를 받아들일 수 있는 힘'**이 됩니다. 이것은 자기효능감이 '할 수 있다고 자신을 믿는 힘'인 것과는 크게 다릅니다. 자기긍정감과 자기효능감은 '할 수 없는 나를 어떻게 볼 것인가'라는 점에서 큰 차이가 있습니다.

자기긍정감이 높은 사람은 '실패해도 괜찮다'라고 생각할 수 있는 단계에 있기에 자신을 바꿀 필요가 없습니다. 할 수 있든 없든 상관없기에 자기효능감이 높아지기 어렵다고 할 수 있습니다.

또한, 자기효능감과 자기긍정감은 자신에 대한 긍정이나 자신감을 표현하는 의미에서는 같지만, 어느 시점에서의 자신을 평가하고 있는지가 결정적으로 다릅니다.

자기긍정감은 어디까지나 과거나 현재의 자신을 대상으로 하고 있습니다. 그렇기에 못한다고 해도 괜찮은 것입니다. 반면 자기효능감은 '달성할 수 있는지, 없는지'에 따라 달라지기에 미래의 내가 평가 대상이 됩니다. 즉, '나는 할 수 있었다!'가 자기긍정감이고, '나는 할 수 있다'가 자기효능감입니다.

자기효능감과 뇌의 'GPS 기능'

그러면 습관화하는 데 왜 자기효능감이 필요한 것일까요? 자기효능감이 높으면 왜 뇌의 'GPS 기능(RAS)'이 작동하는 것일까요?

이것은 자기효능감이 특정한 과제나 목표에 대한 신념인 것과 관련이 있습니다. 그리고 '나는 반드시 할 수 있다', '할 수 없을

리가 없다'라는 강한 신념이 있다면 목표를 명확하게 이미지화
할 수 있습니다. 시각화할 수 있는 것입니다.

예를 들어, 창업할 때 '5년 후에는 반드시 연 매출 1억 엔이
되도록 하겠다'라는 자신이 있을수록 5년 후의 자기 모습, 사업
내용이나 연 수입, 라이프 스타일 등을 선명하게 이미지화할 수
있을 것입니다.

그리고 그러한 이미지화를 할 수 있게 되면, 뇌의 RAS는 그
것을 중요한 정보라고 생각하고, 목표 달성에 필요한 정보에 초
점을 맞춥니다. 결과적으로 행동을 일으키기 쉬워져서 습관화
로 이어집니다.

자기효능감은 행동에 대한 동기 부여도 됩니다. 목표에 대해
'나는 반드시 해낼 수 있어'라고 생각해 자신감 있게 행동하면,
반드시 그것에 대한 경험을 얻을 수 있습니다.

예를 들어, 토익 점수가 현재 500점인 사람이 '1년 후에는 반
드시 990점 만점을 받겠다. 나는 해낼 수 있다!'라고 자기효능
감이 높은 상태에서 공부를 계속했다고 해봅시다.

결과적으로 만점에는 도달하지 못했지만, 900점까지 점수가
올랐다고 합시다. 분하고 아쉽기는 하지만, 400점이나 점수를
올린 경험을 통한 긍정적인 감정이 RAS에 강한 영향을 주어 공
부를 더욱 열심히 할 수 있게 됩니다. 그렇게 자기효능감은 높

아집니다. 선순환이 발생하는 것입니다.

또한, 당연한 이야기지만 자기효능감이 높으면 어려운 상황에 직면해도 긍정적으로 대처할 수 있습니다. 자신의 눈앞에 구름이 낀 것 같은 불투명한 상태에서도 '나는 할 수 있다'라고 생각하기에 스트레스도 잘 느끼지 못합니다.

이것은 RAS 작용에 중요한 역할을 합니다. 스트레스의 부하는 RAS의 주 초점을 흐트러뜨리기 때문입니다. 주의의 초점이 흐트러지지 않아야 목표를 향해 계속 나아갈 수 있습니다.

앞에서도 이야기했지만, 사람이 어떤 새로운 도전을 할 때는 먼저 '외적 동기(매력적인 목표)'가 필요합니다. '목표를 얼마나 명확하게 세우느냐' 하는 것도 중요하지만, '달성 못할 것 같아'라고 느끼면 사람은 움직일 수 없습니다.

해낼 수 있을 것 같지가 않아 행동해도 소용이 없다고 생각해 포기한 경험, 아마 독자 여러분들도 있을 것입니다. 그렇기에 '해낼 수 있다'라는 마음가짐이 중요합니다. '그렇다면 처음부터 달성할 수 있을 것 같은 목표를 설정하면 되지 않을까?'라고 생각할지도 모릅니다.

목표 허들이 낮으면 달성할 수 있는 확률은 높아지겠죠. 하지만 이것은 자기효능감과는 상관이 없습니다. 자기효능감을 높이고 RAS 기능을 발휘하려면, 목표의 객관적인 높낮이는 상관없습니다. '내가 할 수 있다고 생각하는지, 아닌지'가 중요합니다.

예를 들어, 여러분이 사업을 시작하려고 할 때, '5년 후에 회사를 주식 상장시킨다'라고 하는 목표보다 '5년 후에 연 매출 1억 엔으로 한다'라는 목표가 달성하기 좀 더 쉬울 것입니다. 하지만 여러분이 '나는 꼭 5년 후에 상장시킨다'라고 강하게 생각하고, '나는 할 수 있다'라는 믿음만 있다면, 어려운 목표라고 해도 RAS 기능은 강화됩니다.

성취 난이도가 현실적인지 아닌지는 자기효능감과 상관이 없다는 것, 꼭 기억하세요.

원리 ③ 그 자체로 즐겁다!
- '내적 동기'가 뇌의 RAS 기능을 정착시킨다

습관화 과정에서 결국 가장 중요한 것은 '내적 동기'입니다. '내적 동기'는 말 그대로 사람의 내면에서부터 솟아오르는 동기입니다. 내적이고 본질적인 욕구 때문에 생기는 것입니다. 개인이 행동할 수 있도록 하는, 내면에서 솟아오르는 의욕이나 동기 부여라고 생각하면 이해하기 쉬울 것입니다. 이때의 동기 부여는 보상이나 칭찬 등의 외부로부터의 동기와는 상관이 없습니다. 내적 동기는 자신에게서 나옵니다.

즉, 돈이나 명예, 출세, 평판 등이 아니라 어떤 것에 대한 흥미나 관심, 거기에서 오는 보람이나 성취감, 즐거움 등이 이에 해당합니다.

예를 들어, '지금은 배가 나왔지만, 운동해서 배에 식스팩을 만들어서 인기가 많아지고 싶다'라고 생각해 웨이트 트레이닝을 시작한 사람이 그것을 하는 사이 어느샌가 웨이트 트레이닝 자체를 즐겁게 느끼게 되는 경우가 있습니다.

웨이트 트레이닝을 하는 동안, 인기가 있을지 어떨지가 상관없어지면서 운동을 하는 것 자체가 상쾌하고 즐겁습니다. 몸이 바뀌는 것이 눈바디로도 느껴져서 재미있기에 매일 하지 않으면 찜찜합니다.

이러한 변화는 바로, 행동의 동기 부여가 '외적 동기'에서 '내적 동기'로 잘 전환된 예라고 할 수 있습니다.

여러분 역시 내적 동기 부여를 통해 행동하고 있는 것이 있을 것입니다. 취미는 많은 분에게 내적 동기에 의한 행위일 것입니다.

예를 들어, 직장인이지만 휴일만 되면 밖에 나가 온종일 야구를 하는 사람은 야구 자체를 좋아하기 때문에 하는 분들이 대부분일 것입니다. 이 경우 야구 선수가 되어서 돈을 벌고 싶은 사람은 아마 없을 것입니다.

마찬가지로, 휴일에 일찍 일어나서 낚시하러 가는 사람 역시 돈이나 일 때문이 아니라 '낚시하는 것이 즐거워서'가 그 이유일 것입니다.

주위의 사람들이 어떻게 생각하는지 상관없고, 손익관계로 움직이는 것도 아닙니다. 자신이 진심으로 좋아하기 때문에 몰입하는 것이고, 그 행위 자체가 즐거우므로 하는 것입니다. 이것은 내적 동기에 의한 행동이라고 할 수 있습니다.

내적 동기는 왜 뇌의 'GPS 기능'을 정착시킬까?

외적 동기를 통해 목적지를 명확하게 함으로써 뇌의 'GPS 기능(RAS)'을 작동시킬 수 있습니다. 그리고 습관화를 위한 행동을 뇌에 의식시켜 반복하기 쉬운 체제로 정리합니다.

그다음에는 매일 행동을 반복하면서 좌절하지 않도록 '나라면 할 수 있다!'라며 자기효능감을 높입니다. 자기효능감을 높임으로써 RAS는 그 행동의 정보를 우선해서 처리하고, 'GPS 기능'이 강화됩니다.

그다음 단계로, 습관화를 위해 행동 지침이 되어온 RAS를 정착시켜 습관화 과정을 더욱 철저하게 합니다.

내적 동기는 뇌의 'GPS 기능'을 정착시킵니다. 이것에는 감정이 큰 역할을 담당하고 있습니다. 내적 동기는 내면에서 솟아오르는 의욕이기 때문에 개인의 열정이나 호기심과 깊은 연관이 있습니다. 즐거움이나 기쁨 같은 것입니다.

이 열정이나 흥미가 뇌에 의해 인식되어 RAS를 통해 주의를 끌면 감정 중추가 활성화됩니다. 그 행동을 하면 '즐겁다, 기쁘다'와 같은 감정과 연결되는 것입니다.

그리고 감정의 연결이 강할수록 뇌는 그 정보를 중요시하고 RAS는 그 정보를 장기 기억으로 정착시키는 경향이 있습니다.

새로운 도전은 외적 동기로 하게 되는 경우가 대부분입니다. '저렇게 되고 싶다', '돈이 필요하다', '살을 빼고 싶다'라는 목표를 이미지화하면서 시작합니다.

하지만 내적 동기가 없으면 계속 이어갈 수 없습니다. 왜냐하면 행위 자체가 즐겁지 않거나 기쁘지 않으면 하기 싫어지고 질리기 때문입니다.

여러분의 경우를 생각해봐도, 오래 지속되는 것은 감정과 연결된 경우가 대부분일 것입니다. '다이어트를 해서 인기가 많아지고 싶다'라고 목표를 세우고도 유혹에 넘어가 단것을 먹어버리게 되는 것은 '단것을 먹고 싶다'라는 감정에 근거한 것이기 때문입니다.

단것을 좋아하는 사람은 외적 동기가 적어서 맛있는 것을 먹으면 기쁘다는 내적 동기에 의해 움직이고 있다고 할 수 있습니다. 반대로 다이어트하는 것이 즐겁게 느껴지면 단것을 먹지 않게 됩니다.

실제로 내적 동기에 의한 행동이 개인에게 의미가 있으면, 뇌에서 도파민이라고 불리는 쾌락 물질이 분비됩니다. 이것이 뇌 속의 보수계를 활성화해서 내적 동기로 인한 만족감이나 기쁨이 뇌에 강한 인상을 주게 됩니다.

RAS는 보상받고자 하는 욕심이 많습니다. 보상을 받을 수 있는 행위에 집중하고, 그 정보를 우선으로 합니다. 더 많은 보상을 달라고 하는 것입니다.

보상이 '내적 동기'에서 유래하는 경우 역시 마찬가지입니다. 보상을 얻을 수 있는 행동을 하려고 합니다. 이 과정을 통해 내적 동기를 계속 지닐 수 있게 됩니다.

뇌는 보상뿐만 아니라 성공 체험이나 긍정적인 감정을 얻을 수 있는 체험을 적극적으로 찾고 있습니다. RAS는 그 정보에 주목해서 비슷한 성공 체험을 얻을 수 있도록 행동합니다.

또한, 내적 동기가 높아지면 사람은 스스로 기술이나 과제의 균형을 맞추는 **'몰입 상태'**에 들어가기 쉬워집니다. 몰입 상태에서는 시간을 잊을 정도로 집중력이 높아집니다. 여러분도 일이나 공부할 때, 아마 한 번쯤은 이러한 경험을 한 적이 있을 것입니다. 이는 내적 동기에 의한 것입니다.

이 '몰입 상태'를 경험하게 되면 뇌는 그 경험을 굉장히 중요시하기 때문에 RAS를 통해서 깊은 학습이나 행동의 정착으로 연결됩니다. **행동의 동기가 내적 동기에 기반하게 되면, 의식하지 않아도 매일 그 행동을 할 수 있게 됩니다.** '아, 하기 싫다'라는 마음을 가지지 않고 자연스럽게 하게 되는 것입니다. 양치하거나 자전거를 타는 것, 웨이트 트레이닝이나 어학 공부를 매일매일 자연스럽게 하게 될 것입니다.

습관화를 위해 이제 막 공부나 웨이트 트레이닝, 조깅, 다이어트 등을 시작했을 때는 그것이 고행처럼 느껴질 수도 있습니다. 하지만 인지과학의 과정을 이해해서 이를 잘 활용하면 힘든 것을 즐거운 것으로 바꿀 수 있습니다.

뇌의 'GPS 기능'은
3주 동안 정착된다

뇌의 GPS 기능은 왜 3주 만에 정착될까?

아마 이 책을 손에 든 여러분의 최대 의문은 '3주 동안 이어가는 것만으로 정말 습관이 정착될까?'일 것입니다. 지금까지 몇 번이나 습관화하는 데 좌절한 사람 중에는 '한 달 동안 계속했지만 결국 습관화할 수 없었다', '두 달 동안 했지만, 힘들어져서 그만두었다'라는 분들도 있을지도 모릅니다.

습관화하려면 일정한 지속이 필요하지만, 지속한다고 해서 꼭 습관화되는 것은 아닙니다. **중요한 것은 과정입니다.**

앞에서 뇌의 'GPS 기능'은 복잡한 신경 네트워크의 일부이며, 정보의 구분 장소라고 이야기했습니다. 대량의 정보에서 자신이 중요한 정보라고 인식한 정보를 골라내서 특정 행동을 하게 합니다. 이를 통해 목표를 달성하거나 습관화로 연결할 수 있게 됩니다.

그렇기에 어떤 정보를 골라낼지, 어느 정도의 주의를 기울일지 선택하는 과정을 만드는 것은 새로운 행동이나 습관에 꼭 필요합니다. 그런데 이 과정은 습관화를 위한 행동을 시작한 후 처음 3주 동안이 가장 중요합니다.

일주일도, 반년도 아니고 3주인 이유가 있습니다. **뇌의 구조가 바뀌는 데 필요한 기간이 딱 3주이기 때문입니다.**

새로운 행동이나 습관을 시작하면 뇌의 시냅스 결합이 변화하고 그에 따라 신경회로가 강화됩니다. 이 과정을 '신경 가소성'이라고 부릅니다. 처음 하는 행동이나 정보에 대해 신경회로가 새롭게 형성됨으로써 뇌의 'GPS 기능'은 그것을 중요한 정보로 인식하기 쉬워집니다.

또한, 습관의 정착에는 반복이 필요합니다. 3주 정도면 행동이나 습관을 충분히 반복함으로써 신경회로가 안정되고, RAS가 그 정보를 무의식적으로 인식할 수 있게 됩니다. 이 과정에서 행동이 무의식적이고 자동으로 이루어지게 되고, 그것이 습관의 정착으로 이어집니다.

즉, 3주 동안 지속함으로써 신경 가소성과 반복의 상호 작용에 의해 신경회로가 바뀝니다. **뇌가 변하는 것입니다.**

즉, 3주 동안 계속 이어감으로써 여러분의 뇌는 그 습관을 평생 계속하는 뇌로 변한다고 할 수 있습니다.

물론 3주간 계속 이어가는 것도 어렵다고 느낄 수 있습니다. 저도 새로운 도전을 할 때 포기한 것이 적지 않지만, 지금 돌이켜 생각해보면 그저 올바른 실행 방법을 몰랐을 뿐입니다.

올바른 순서로 한다면, 누구나 무리 없이 계속 이어 나갈 수 있고, 평생의 '습관화' 방법을 손에 넣을 수 있게 됩니다.

그러면 본격적으로 어떻게 단계를 밟아나가야 할까요?

먼저, 프롤로그에서 이야기한 '내적 동기', '자기효능감', '내적 동기'를 어떻게 높이면 좋을지 하나하나 자세히 살펴보도록 하겠습니다.

WEEK 0

준비

본격적인 '3주 습관 전략'에 들어가기에 앞서

-외적 동기를 만든다

프롤로그를 통해
뇌의 'GPS 기능'이 작동하는 원리를
이해하게 되셨을 것입니다.

습관의 정착을 위해서는 최종적으로
'그것 자체를 하면서 즐거운 상태'로
만들 필요가 있습니다.
하지만 처음 시작할 때는 아무래도 고통스럽기 마련입니다.

그렇기에 '외적 동기'를 이용하는 것입니다.
먼저, '3주 습관 전략'에 갑자기 돌입하는 것이 아니라,
그 전에 '반드시 이렇게 되고 싶다!'라고 하는
이미지를 강하게 가지고
귀찮은 습관에 내 몸을 던져야 합니다.

그러면 어떻게 하면 외적 동기를 만들 수 있을까요?
WEEK 0에서 그 방법을 소개하겠습니다.

'꼭 이렇게 되고 싶어' 하는 이미지가 강할수록 뇌의 'GPS 기능'이 작동한다

왜 '외적 동기'가 필요할까?

새로운 습관이 몸에 정착되기 위해서는 뇌의 'GPS 기능'을 능숙하게 작동시키는 과정이 필요합니다.

우리의 뇌는 방대한 정보를 항상 전달받지만, 그중 중요한 정보만을 선택해서 다루고 집중하려면 어떤 지침이 필요합니다. 그 지침이 명확할수록 정보 취사의 정밀도가 높아져 특정 행동을 하도록 합니다. 내비게이션이나 스마트폰 지도 앱을 사용할 때, 목적지 정보가 명확할수록 목적지까지 원활하게 안내받을 수 있는 것과 같습니다.

그래서 어떠한 행동을 할 때는 '이것이 뇌에 중요한 정보가 된다'라고 하는 '의미 부여'가 꼭 필요합니다.

이러한 의미 부여에 의해 'GPS 기능'은 특정 행동이나 목표에 의식적으로 집중하게 됩니다.

행동에 의미를 부여하지 못하고 'GPS 기능'을 작동시키지 못하면 사람은 욕망에 휩쓸리기 쉽습니다. 일을 해야 하는데 스마트폰을 만지고, 절제해야 하는데 단것을 계속 먹게 되는 것입니다.

하지만 이것은 뇌 구조의 문제입니다. 여러분의 끈기나 의지의 문제가 아닙니다.

뇌는 무엇이든 귀찮아하는 성질이 있습니다. 그렇기에 이러한 귀차니즘인 뇌가 일을 하게 해서 행동을 습관화하는 데는 의미 부여, 동기 부여를 할 필요가 있습니다.

특히 습관을 새롭게 만들고자 하는 초기 단계에서 효과적인 것은 '외적 동기'입니다. **'외적 동기'란 자신의 내부에 있는 흥미나 관심 등이 아니라 외부에서 오는 보수나 평가, 승진 등을 목표로 설정한 후, 그 목표를 실현하기 위해 행동하는 것입니다.**

예를 들어, '아이가 용돈을 받기 위해 집안일을 돕는다'라는 것은 전형적인 외적 동기 부여입니다. 일을 예로 들면, '성과 보너스나 승진 등을 목표로 일을 한다'라는 것이 외적 동기 부여가 됩니다.

외적 동기가 습관화 초기 단계에서 효과적인 것은 보상이나 이익과 연결되어 있기 때문입니다. 여러분에게 '웨이트 트레이닝은 즐거우니까 매일 열심히 하자'라고 해도 계속할 가능성은 적지만, '몸짱이 되면 사람들에게 인기가 있을 거니까 웨이트 트레이닝을 열심히 하자'라고 하면 의욕이 생길 확률이 높아질 것입니다.

마찬가지로, '학생이니까 공부하라'고 하면 의욕이 생기지 않아도, '매일 공부하면 명문대에 들어갈 수 있다'라고 하면 '좀 해볼까…' 하고 생각하게 되는 것입니다.

즉, 귀차니즘인 뇌에 알기 쉬운 보상을 제시해줄 필요가 있습니다. 이것은 뇌의 보수계가 쾌감이나 보상을 수반하는 행동에 활성화되기 때문입니다. 특정 행동과 보상이 연결됨으로써 뇌는 그 행동에 대한 동기 부여가 높아지고, 'GPS 기능'은 그 정보를 중요하게 인식합니다. 그럼으로써 그 행동에 초점을 맞추고 반복하도록 해서 결과적으로 습관을 형성하는 데 도움이 됩니다.

외적 동기는 이해하기 쉽게 표현하면 '알기 쉬운 메리트'라고 할 수 있습니다.

자기 내면에서 의욕이 생기지 않을 때, 외부로부터의 보상이 의욕을 불러오기도 합니다. 즉, 새로운 행동을 할 때는 의욕을 향상시켜 행동에 동기 부여를 합니다. 외적 동기가 있음으로써 사람은 어떤 행동에 흥미가 생겨 '해보자!'라고 생각하게 됩니다.

습관 형성을 위한 행동의 초기 단계에서는 몸이 쉽게 움직여지지 않는 경우가 종종 있습니다. '힘들다', '하기 싫다'라는 생각이 들면서 좌절하기도 쉽습니다. 이러한 상황을 극복하기 위해서라도 외적 동기를 잘 사용해 뇌의 'GPS 기능'을 작동시키는 것이 중요합니다.

'꼭 이렇게 되고 싶다'라는 의지는 모든 습관에 숨어 있다

습관화를 시작할 때는 목적지를 명확하게 하는 것이 가장 중요합니다. 그리고 그 목적지는 여러분을 설레게 만드는 것이 포인트입니다. 즉, 외적 동기입니다. 외적 동기에 의해 뇌의 보수계가 활발해져 '해보자'라고 생각하게 되는 것입니다.

그렇기에 동기는 훌륭한 것이 아니라도 상관없습니다. '일하기 싫으니까 부자가 되고 싶다', '인기가 많아지고 싶으니까 몸짱이 되어야지', '멋있게 보이고 싶으니까 유창하게 영어를 구사하고 싶어', '일본이 싫으니까 해외에 살고 싶어'와 같은 오히려 진심으로 여러분을 '행동하게 하는 동기'나 '되고 싶은 목표'를 세웁니다.

여러분 중에는 '습관화를 위해 동기가 중요하다는 것은 알고 있어'라고 생각하는 분들도 있을 것입니다.

"나도 '이렇게 되고 싶다'라고 하는 이상은 있어요. 그래도 계속 이어지지 않습니다"라고 이야기하는 분들도 계실 것입니다.

아마 누구에게나 목표를 세우고 새로운 습관을 만들기 위해 행동한 경험은 누구나 있을 것입니다. 그리고 그때는 습관화를 위해서 필요한 동기가 있었을 것입니다. 그 습관을 통해서 목표를 이루어내거나 멋진 자신의 모습도 상상했을 것입니다.

그런데도 잘 안된 이유는 무엇일까요?

결론부터 말씀드리면, 여러분의 바람이 뇌의 'GPS 기능'을 잘 작동시키지 못했기 때문입니다. 그 이유는 몇 가지가 있지만, 아마 다음 6가지 중 하나에 해당될 것입니다.

1. 바람이지, 목표가 아니다

습관화를 위해서는 우선 바람이 중요합니다.

'이렇게 되고 싶다', '저 사람처럼 되고 싶다', 뭐든 좋습니다. 진심으로 바라는 마음이 여러분의 의욕을 불러일으켜 줄 것이기 때문에 거짓 없는 바람이면 됩니다.

그런데 바람은 구체적인 목표로 표현되지 않은 경우, 습관화로 이어지지 않습니다. 왜냐하면 그 바람을 실현하기 위한 구체적인 길이나 계획이 보이지 않기 때문입니다.

예를 들어, '토익 800점을 목표로 한다'처럼 어학 시험 점수를 올리고 싶은 마음을 가지고 있는 사람들이 많을 것입니다. 하지만 이 마음만으로는 그저 '바람'일 뿐입니다. '언제까지', '어떻게' 목표로 하는지 전혀 알 수 없습니다. '매일 30분 공부해서 1년 후에 토익 800점이 되도록 하겠다!'라고 해야 비로소 목표로 인식할 수 있고, 구체적인 단계가 보입니다.

성공적인 습관화를 위해서는 바람을 목표로 명확화해서 계획에 반영시키는 과정이 필요합니다.

웨이트 트레이닝의 경우, '인기가 많아지고 싶으니까 몸짱이 되어야지'라는 바람이 있다면, 그것을 알기 쉽게 목표로 설정합니다. 몸짱이라고 해도 몸 전체를 근육질로 만들고 싶은 것인지, 마른 몸에 적당한 근육을 원하는 것인지에 따라 이미지화가 달라집니다.

만약 마른 몸에 적당한 근육을 원하는 것이라면, 어떤 기준으로 '적당한 근육'이라고 생각하는지 구체적인 기준이 필요합니다. 즉, '복근에 식스팩을 만들겠다' 정도의 구체성이 필요한 것입니다.

6개월 후일지, 1년 후일지, 2년 후일지, 그 기간에 따라서도 매일 어느 정도의 복근 트레이닝을 하는지가 달라질 것입니다. 현재의 체형에서 식스팩이 되려면 어느 정도의 기간이 필요한지 확인도 해야 합니다.

요즘은 유튜브 등에서도 웨이트 트레이닝에 관한 동영상이 많이 올라와 있기에 그런 것도 참고해서 계획에 반영합니다.

누구나 어떤 행동을 할 때는 '반드시 되고 싶어!'라는 마음이 존재합니다. 그리고 그것이 습관화를 할 수 있게끔 이끌어주는 역할을 합니다.

하지만 실제로 뇌의 'GPS 기능'을 작동시키려면 구체화하지 않으면 안 됩니다. 목표가 불명확하거나 실현할 수 있을 정도의 구체적인 단계를 밟아나가지 않으면, 뇌의 'GPS 기능'은 그것에 집중하지 않게 되고, 행동을 지속할 수 없게 됩니다.

2. 의욕을 유지할 수 없다

동기가 있음에도 불구하고 습관화가 장기간에 걸쳐 이어지지 않을 수 있습니다. 예를 들어, 새해가 되면 목표를 세우는 사람이 많지만, 반년 후에 이를 지속하는 사람이 얼마나 있을까요?

이것은 초기의 의욕이 시간이 지날수록 사라지고, 좌절이나 초조함이 생기기 때문입니다.

그러면 왜 의욕이 서서히 없어지는 것일까요? 이것은 일반적으로, 외적 동기 부여의 효과가 짧은 시간 동안만 지속되기 때문입니다.

'인기 있고 싶으니까 웨이트 트레이닝을 매일 30분 해야지'라고 다짐해봤자, '딱히 인기 없어도 될 것 같은데…'라고 생각하게 된 경험이 있는 분들도 있을 것입니다. 의욕이 오래 지속되지 않는다면, 당연히 습관의 정착 역시 어려워집니다.

3. 적절한 환경이 준비되어 있지 않다

경영 컨설턴트인 오마에 겐이치(大前研一) 씨는 자신을 바꾸는 간단한 방법은 3가지밖에 없다고 이야기합니다.

첫 번째는 '시간 배분을 바꾸는 것'입니다, 두 번째는 '사귀는 사람을 바꾸는 것'입니다. 그리고 마지막으로는 '사는 장소를 바꾸는 것'입니다. 이 3가지로만 인간은 변할 수 있다고 합니다. 이 3가지는 스스로를 바꾸는 것이 아니라 환경을 바꾼다는 공통점이 있습니다.

새로운 습관을 기른다는 것은, 바로 자신을 바꾼다는 의미입니다. 그렇기에 적절한 환경을 마련해주면 새로운 행동을 하게 만들 수 있습니다.

반대로 환경이 조성되지 않으면, 이는 새로운 습관 형성에 방해 요인이 됩니다. '환경을 조성한다'라고 하면, 조금 어렵게 들릴지도 모르겠습니다. 또한, '돈이 들지 않을까?' 하고 걱정하는 사람도 있을 것입니다. 그러나 아주 사소한 생각의 전환으로도 환경은 바꿀 수 있습니다.

예를 들면, '단것을 3개월간 먹지 않겠어!'라고 결심했다면, 냉장고에 아이스크림을 채워 넣지 않거나 퇴근길에 편의점에 들르지 않거나 하는 것만으로도 단것으로부터 거리를 둘 수 있습니다. 강제적으로 환경을 만들어버리면 목표를 달성하기 쉬워집니다.

마찬가지로, '매일 아침 조깅을 하겠다!'라고 결심했다면, 자면서 머리맡에 운동복을 두거나 운동화를 항상 현관에 준비하는 등의 환경을 만들어둔다면 바로 행동에 옮길 수 있습니다.

반면, 습관 조성을 위한 환경이 갖춰지지 않는다면, 습관 유지가 어려워집니다. 즉, '운동복이 안 보이지도 않고, 귀찮아서 오늘은 패스!'라고 포기하게 될 가능성이 생깁니다.

4. 자동적으로 행동하기까지의 시간과 노력을 이해하지 못한다

어떤 것을 습관으로 만들기 위해서는 시간과 노력이 필요합니다.

'웨이트 트레이닝으로 식스팩을 만들겠다!'라고 목표를 세운다고 해도 지금까지 웨이트 트레이닝을 한 번도 하지 않은 사람이 일주일이나 2주 만에 복근이 만들어지게 할 수는 없습니다.

마찬가지로, '영어를 말할 수 있게 되고 싶다'라고 목표를 정해도 하루아침에 술술 유창하게는 될 수 없습니다. 행동이 습관으로 정착되기까지는 몇 번이고 반복 연습이 필요합니다. 당장 성과를 바라며 그 과정을 견딜 수 없다면, 습관화할 수 없습니다.

5. 과거의 실패 경험으로 인해 심리적 제동이 걸린다

과거에 같은 목표나 습관을 이루지 못한 경험이 심리적으로 제동을 거는 일이 있습니다. 이는 다이어트에 실패한 사람이 몇 번이고 다시 실패하는 것과 같은 것입니다. '아, 또 실패네' 하고 부정적인 악순환에 빠지게 되어 도전에 긍정적인 자세를 가질 수 없게 됩니다. 과거의 실패가 자신감을 무너뜨려 새로운 도전을 하는 데 저항감이 생기게 하는 것입니다.

6. 습관화 과정에 대한 이해가 부족하다

습관화 과정이나 메커니즘을 이해하지 못하는 것이 습관화를 가로막는 원인이 됩니다. 왜 습관으로 만들 수 있는지, 그리고 그것을 계속 이어지게 하려면 어떤 접근이 필요한지 이해하지 않으면 효과적인 전략을 취하기 어려워집니다.

아마 여러분의 대다수가 이 '습관화 과정에 대한 이해 부족'이라는 항목이 이해되지 않으실지도 모릅니다(그렇기에 이 책을 손에 쥐게 되셨을 것입니다).

이들 요인이 복잡하게 얽혀 한 가지가 아니라 여러 가지가 동시에 영향을 주기도 합니다. 습관을 만들기 위해서는 뚜렷한 목표 설정, 동기 부여, 적절한 환경 정비, 효과적인 전략의 이해 등이 필요하지만, **이 중 가장 중요한 것은 분명한 목표 설정입니다.**

바람이나 막연한 동경의 이미지를 명확하게 목표화함으로써 뇌의 'GPS 기능'은 제대로 작동하게 됩니다. 어떤 정보를 넣고 어떤 정보를 빼야 할지, 정보 선택의 정확도가 높아집니다. 그 결과, 특정 행동에 여러분을 집중시키고 '목적지'까지 인도해 줄 것입니다.

습관을
하나로 좁힌다

왜 습관을 하나로 좁힐 필요가 있을까?

외적 동기 부여는 외부로부터의 자극이나 보상에 의해 행동하게 합니다. '살 빼고 싶다', '부자가 되고 싶다', '영어를 잘하고 싶다' 등 그 자극이나 보상은 사람마다 다를 것입니다.

여러분 중에는 '부자가 되고 싶고, 몸짱이 되고 싶고, 영어도 술술 말하고 싶어' 하는 식으로 이것저것 하고 싶은 사람도 적지 않겠지만, 습관을 만들기 위해서는 우선, 외적 동기는 하나로 좁혀야 합니다.

되고 싶은 자신을 한 가지로만 정해, 만들어야 할 습관도 압축합니다.

'어, 습관은 한 가지밖에 기를 수 없는 건가?'라고 생각하는 분들도 있겠지만 안심하세요.

우선 한 가지의 습관으로 줄여서 습관화 과정을 익히는 것이 중요합니다. 그렇게 하면 같은 방법으로 여러 가지 습관을 쉽게 익힐 수 있습니다. 이것은 저와 저의 많은 수강생이 몸소 증명하고 있습니다.

그러면 왜 동시에 진행하면 안 되는 것일까요? 그것은 인간의 인지 부하와 크게 관련이 있습니다. 인간의 뇌는 동시에 많은 정보를 처리하기 어려운 구조로 되어 있습니다. 인간은 의식적으로 처리하는 작업을 최대한 줄이려고 합니다. 새로운 습관을 위한 행동은 뇌에 있어서는 불규칙한 작업이기 때문에 부하가 걸리게 됩니다. 그런데 그것이 심지어 하나도 아니고 여러 가지의 습관이라면, 뇌의 인지 부하는 더욱 증가할 것입니다.

하나의 습관에 초점을 맞추면 뇌는 특정 행동에 집중하기 쉬워지고 새로운 습관을 형성하기 쉬워집니다.

이 초점을 최대한 좁힘으로써 뇌의 'GPS 기능'이 동기와 행동을 연결시켜 외적 동기가 강화됩니다. 외적 동기는 보수계를 자극해 행동을 강화하기 때문에 동기를 좁힘으로써 'GPS 기능' 작동이 쉬워집니다. 좁혀진 동기에 관련 있는 행동을 하게 만듦으로써 그 습관이 계속될 확률이 높아지는 것입니다.

예를 들어, '이상적인 몸매를 가지고 싶어', '할리우드 배우처럼 영어를 유창하게 말하고 싶어'라는 2가지 외적 동기가 있다고 합시다. 당연히 그 목표를 위해 들여야 하는 습관은 다릅니다.

이상적인 체형이 되기 위해서는 식생활 개선이나 웨이트 트레이닝 등이 필요할 것입니다. 반면, 할리우드 배우처럼 영어를 유창하게 하기 위해서는 꾸준한 리스닝이나 말하기 연습이 필요하고, 외국인 친구를 만들어 교류하는 것도 영어 실력을 늘리는 지름길일 것입니다.

양립이 아예 불가능한 것은 아니지만, 그것들을 동시에 하는 생활을 구체적으로 이미지화하는 것은 간단하지 않습니다. 외적 동기인 '되고 싶은 자신'을 어느 쪽으로든 좁히는 것이 목표를 명확하게 하기 쉬워져 그것의 실현 계획도 달성할 수 있고, 습관 만들기도 순조로워집니다.

앞에서도 이야기했지만, 뇌는 변화를 거부합니다. 여러 습관을 동시에 만들려고 한다면, 변화에 대한 적응이 극단적으로 어려워집니다. 스트레스나 혼란이 생길 수 있습니다.

하나의 동기에 초점을 맞추면 변화가 단계를 거쳐 완만하게 진행되기 때문에 심리적인 안정성이 높아집니다. 안정적인 환경이 유지됨으로써 외적 동기가 지속되기 쉬워집니다.

습관을 어떻게 하나로 좁힐 것인가?

아마 여러분은 이렇게 묻고 싶을지도 모릅니다.

'습관을 하나로 좁히는 것이 좋다는 것은 알겠습니다. 하지만 하고 싶은 것이 몇 가지나 있는 경우는 어떻게 하면 좋을까요?'

몸짱이 되고 싶기도 하고, 영어도 유창하게 말하고 싶기도 한 경우, 어느 쪽으로 습관을 좁히면 좋을지 고민이 될 것입니다. '웨이트 트레이닝을 습관으로 해야 하나, 어학을 습관으로 해야 하나?' 하고 말이죠.

이쯤에서 무엇을 기준으로 선택해야 하는지 알려드리겠습니다. **포인트는 여러분이 극대화할 수 있는 외적 동기로 이어지는 습관을 선택하는 것입니다.**

즉, 왜 몸짱이 되고 싶은지, 왜 영어를 유창하게 말하고 싶은지를 따져봤을 때, 그 동기가 크면 클수록 습관은 질리지 않고 오래 지속될 가능성이 커집니다.

1. 흥미와 관심을 살펴서 고른다

먼저, 가장 중시해야 할 것은 '그 습관을 좋아하는가?'입니다. 당연한 것이지만, 습관이 개인의 흥미나 관심과 가까울수록 외적 동기 역시 높아집니다.

자신이 흥미를 가지고 관심이 있는 습관은 계속하기가 쉬워집니다. 외적 동기를 최대화하기 위해 흥미로운 주제나 활동에 초점을 맞추는 것이 중요합니다.

외적 동기는 훌륭한 것이 아니라도 괜찮습니다. 억지로 훌륭한 동기를 가지고 행동한들, 마음 저 깊은 곳에서 바라는 것이 아니라면, 습관은 이어지지 않습니다.

그렇기에 '인기 있고 싶으니까 살을 빼고 싶다'라는 생각에서 식생활 개선을 시작해도 되고, TV에서 멋있는 배우를 보고 '나도 이렇게 되고 싶다'라고 생각해 웨이트 트레이닝을 시작한다고 해도 괜찮습니다.

SNS에서 자유로운 라이프 스타일을 보내는 부자를 보고 '이렇게 되고 싶다'라고 생각해 투자 공부를 습관화해도 좋을 것입니다.

직감적으로 두근두근하고 마음이 설레는 것을 동기의 기준으로 삼아서 습관을 만들어봅시다. 여러분의 욕구나 욕망을 충족시켜주는 동기를 목표로 설정한다면, 습관 만들기도 어렵지 않을 것입니다.

2. '구체성'과 '명확성'이 있는지 확인한다

사람이 행동할 때 목표를 설정해야 하는 것의 중요성은 널리 알려져 있습니다. 예를 들어, 영업 담당자가 목표를 정하면 좀 더 많은 영업 활동을 할 수 있게 될 것입니다. 그리고 하루 운동의 할당량을 정한 사람은 더욱 건강한 몸이 될 가능성이 크다는 것은 여러 가지 연구를 통해서도 밝혀져 있습니다.

그런데 이 목표는 최대한 구체적이어야 합니다. '스스로 최선을 다한다'와 같은 추상적인 목표는 '한 달 안에 10명의 신규 고객을 불러 모으겠다', '하루에 만 보씩 걷겠다' 등의 구체적인 목표와 비교해서 훨씬 효과가 낮은 것을 여러분도 느꼈을 것입니다.

여러분이 설정하는, 혹은 동의하는 목표가 구체적이어야 하는 것은 습관을 만들 때도 같습니다. 추상적인 목표는 외적 동기가 약해지기 쉽고 진척 상황이 잘 보이지 않습니다.

여러 번 말씀드렸지만, '토익 800점을 목표로 한다'라는 것보다는 '매일 30분씩 공부해서 1년 후에는 토익 800점을 목표로 한다'라는 것이 습관화하기 쉽습니다. '몸짱이 된다'가 아니라, '매일 복근 트레이닝을 해서 1년 후에는 식스팩을 만든다'라는 목표가 외적 동기를 유지할 수 있습니다.

구체적이고 명확한 목표를 설정해야 성취감이나 이익이 명확해져 외적 동기를 높일 수 있습니다.

3. 도전과 적당한 난이도를 택한다

습관은 도전을 포함함으로써 외적 동기를 자극합니다. 하지만 너무 목표 난도가 높으면 좌절하게 되고, 외적 동기가 낮아질 가능성이 있습니다. 여기에는 개인차도 있겠지만, 대부분의 경우 목표를 너무 높게 잡으면 습관화가 어려워지기 쉽습니다.

예를 들면, 토익 400점대의 사람인 경우, '반년 후에 800점을 목표로 한다'보다는 '반년 후에 600점대를 목표로 한다' 쪽이 더 의욕이 생겨 계속 이어지기 쉽습니다.

적당한 난이도의 목표를 설정함으로써 도전을 즐길 수 있고, '영어를 말할 수 있게 되고 싶다'라고 하는 외적 동기도 향상됩니다. 이러한 포인트를 체크해봄으로써 습관을 하나로 좁혀 외적 동기를 최대화할 수 있게 됩니다.

한 사람, 한 사람, 무엇을 습관으로 해야 하는지 정답은 없습니다. 자신이 먼저 들여야 할 습관을 찾는 것이 중요하며, 습관화를 위해 유연성을 가지고 조정하는 것이 성공의 열쇠입니다. 아마 '하나로 좁힌다는 것은 하나밖에 습관화할 수 없다는 의미인가…'라고 생각하는 분들도 계실지도 모릅니다.

안심하세요. 어디까지나 '지금까지 습관화할 수 없어도 괴로워해 온 사람들을 위해 우선은 좁혀봅시다'라는 것이지, 다른 목표를 모두 버리라는 것은 아닙니다. **한 가지를 습관화할 수 있**

게 되면, 그다음부터는 편해집니다. 나중에는 몇 개라도 습관화할 수 있어요!

우선은 한 가지의 목표를 이루기 위한 노력을 습관화하는 방법을 손에 넣읍시다.

'꼭 이렇게 되고 싶다' 하는
이미지화를 더 강력하게 하는 법

STEP ① '이루어진 미래'의 상황을
명확하고 구체적으로 생각한다

왜 이미지가 필요할까?

앞에서 이야기한 것처럼 습관화는 막연한 동경이나 바람에서 시작한다고 해도 전혀 문제가 되지 않습니다.

'TV에서 본 모델처럼 날씬해지고 싶다', '영어를 잘하는 사람을 보면 너무 멋있기도 하고, 해외에서 일하고 싶으니까 영어를 잘하게 되고 싶어' 정도로도 충분합니다. 중요한 것은 동경이라도 좋으니 동기를 부여하고 힘들었던 습관화를 위해 행동하는 것입니다.

다만, 실제로 임하는 단계에서는 바람이나 동경을 명확한 형태로 만들 필요가 있습니다. 자신의 이상적인 미래를 구체적으로 이미지화함으로써 외적 동기를 강화하고 뇌의 'GPS 기능'

을 움직입니다.

예를 들면, 제 지인 중에 10kg 이상 다이어트에 성공한 사람은 모두 이미지화를 하고 있습니다. 5kg 살이 빠진 자신, 10kg 살이 빠진 자신을 상상하며 '날씬해지면 이런 스타일의 옷을 입고 외출하고 싶다', '드레스를 입고 파티에 가보고 싶어' 등 이상적인 자신을 생생하게 상상합니다. 이런 구체적인 이미지화가 외적 동기를 만드는 데 중요한 이유는 인지과학의 관점에서 크게 다음과 같이 7가지입니다

1. 감정의 추진력을 향상시킨다

이상적인 미래를 구체적으로 그리는 것은 감정의 추진력을 높입니다. 사람은 감정에 의해 행동이 강하게 영향을 받는 생물이며, 이상적인 미래를 이미지화함으로써 그것을 통해 느낄 수 있는 감정이나 기쁨을 체험합니다.

'이렇게 되고 싶다'라는 모습이 구체적일수록 감정이나 기쁨으로 뇌가 자극됩니다.

2. 뇌 보수계를 활성화한다

이상적인 미래를 구체적으로 이미지화함으로써 감정이 작용하면 뇌의 보수계가 활성화됩니다. 기쁨이나 즐거움, 성취감이

뇌에서 보상을 느끼는 신경회로를 자극해 외적 동기로 이어집니다.

뇌는 보상을 요구하는 경향이 있습니다. 보상에 탐욕스럽습니다. 이상적인 미래를 실현하기 위한 습관이 보상을 가져온다고 인식하면, 습관화를 위해 집중할 수 있게 되어 습관화하는 데 도움을 줍니다.

3. 목표를 명확화하고 방향성을 제공한다

이상적인 미래를 명확하게 이미지화하는 것은 개개인의 목표를 구체적으로 만들어 방향성을 제공합니다. 막연한 목표로는 외적 동기가 약해지기 쉽고, 행동의 동기 부여가 어려워집니다. 반면, 구체적이고 명확한 미래 비전은 행동의 목적을 분명하게 하고 습관 형성을 위한 지름길로 안내합니다.

4. 의욕과 희망을 유지시킨다

이상적인 미래를 명확하게 이미지화하는 것은 의욕과 희망을 유지하는 데 도움이 됩니다. 도전이나 어려움에 직면했을 때 명확한 비전을 가져야 나아갈 방향을 인식하고 희망을 계속 가질 수 있습니다.

'영어를 말할 수 있게 되어 해외에서 일하고 싶다'라고 하는 미래상이 있으면 좌절할 것 같은 상황에서도 앞으로 나아갈 수 있습니다. 이로 인해 외적 동기가 지속되고 습관 형성 의욕이 높아집니다.

5. 행동의 일관성을 촉진하고 조정한다

이상적인 미래를 구체적으로 그리는 것은 행동의 일관성을 촉진하고 적응력을 기릅니다. 미래의 비전이 명확하면, 그 목표를 향해 일관되게 행동하는 경향이 강해집니다. 동시에 변화나 조정이 필요한 경우에도 이상적인 미래를 기준으로 조정하기 쉬워집니다.

6. 친근한 목표와 성취감을 얻을 수 있는 단계를 설정한다

이상적인 미래를 그림으로써, 큰 목표를 작은 스텝으로 나누기 쉬워집니다. 그렇게 작은 목표를 달성함으로써 성취감과 성공 체험을 얻을 수 있고, 외적 동기가 강화됩니다. 이를 통해 습관 형성을 위한 의욕이 유지됩니다.

7. 긍정적인 심리적 영향을 준다

이상적인 미래를 이미지화하는 것은 긍정적인 심리적 영향을 가져옵니다. '기쁘다', '즐겁다'라는 긍정적인 감정이나 희망을 품는 것은 외적 동기를 강화하고 습관 형성을 돕습니다. 반대로, 부정적인 감정이나 불확실성은 외적 동기를 감소시킬 수 있습니다.

자신의 이상적인 미래를 구체적으로 이미지화하는 것은, 외적 동기를 만들어 습관 형성의 강력한 수단이 됩니다.

그러면 어떻게 이미지화하면 되는지 가르쳐 드리겠습니다.

자기 방이나 마음이 차분해질 수 있는 환경에서 다음의 2가지를 차례대로 해보세요.

1. 이상적인 미래의 상황을 상상한다

새로운 습관이 몸에 밴 미래의 자신을 구체적으로 이미지화합니다.

예를 들어, 조깅을 새로운 습관으로 삼으려고 한다면, 매일 아침 상쾌한 아침을 맞이하며 에너지 넘치고 건강한 몸을 느낄 수 있는 자기 모습을 떠올려보세요.

영어 학습을 새로운 습관으로 삼을 경우, 영어를 말하고 있는 자기 모습이나 해외여행을 즐기는 모습을 상상해보세요.

2. 오감을 활용해 이미지화한다

이상적인 미래 모습의 이미지를 더욱 강하게 하는 데 오감을 최대한 활용합시다. 구체적인 미래 상황을 시각, 청각, 촉각, 후각, 미각으로 느끼면 이미지가 더욱 선명해집니다.

예를 들어, 근육이 우락부락한 몸을 손에 넣고 싶은 경우, 웨이트 트레이닝으로 땀을 흘린 감촉이나 단련된 몸의 외형, 운동을 마친 후 식사의 맛, 목표대로 트레이닝을 달성했을 때의 기쁨의 감정을 오감으로 상상합니다.

'오감을 활용한 상상'이라고 하면 어려워 보일 수도 있지만, 방법은 매우 간단합니다.

습관이 몸에 배어 이상적인 라이프 스타일을 보내고 있는 자신을 상상해보세요. '주변에 어떤 경치가 보이는가?', '어떤 냄새가 나는가?', '어떤 소리가 나는가?', '어떤 것이 있고, 어떤 촉감인가?'라고 자신에게 물어보세요.

만약 여러분에게 바닷가 집에 살면서 매일 아침 서핑을 하며 지내고 싶다는 이상적인 이미지가 있었다고 합시다. 아마 파도 소리가 들리고, 바다 냄새가 날 것입니다.

바닷가 집이라고 한다면, 바다와의 거리는 어느 정도인지, 주변에는 무엇이 있는지, 무엇이 보이는지, 자신에게 물음으로써 '해변의 집에서 지내고 싶은 이상'도 꽤 사실적으로 그릴 수 있게 됩니다.

오감을 사용함으로써 누구나 이상형을 구체화할 수 있습니다.

느슨한 계획을 짠다

외적 동기를 만들기 위해서는 이상적인 자기 모습을 생생하게 상상하는 자세가 필수입니다. 어디까지 구체적으로 그릴 수 있을지는 몰라도 습관화하고 싶다고 생각한 많은 사람은 이상으로 생각하는 미래의 이미지화 자체는 지금까지도 해왔을 것입니다.

그럼에도 습관화를 중간에 포기하게 된 것은 이미지가 명확하지 않았던 것뿐만 아니라 이상적인 미래에 도달하는 길을 떠올리지 못했기 때문일지도 모릅니다. 즉, 이상적인 이미지가 애매해서 그것으로 가는 길을 그릴 수 없었기 때문이라고 할 수 있습니다.

인간은 목표가 있어도 실제로 행동하기 위해서는 어떤 식으로 해야 하는지 구체적인 과정이 없으면 움직일 수가 없습니다. 목표를 달성하기 위한 과정이 전혀 없는 상태에서는 뇌가 목표를 추구하는 의욕을 유지할 수 없습니다.

그러면 어떻게 해야 길을 그릴 수 있을까요?

길을 그릴 때 중요한 것은 어디까지나 '느슨한 계획'을 짜는 것입니다. 계획을 느슨하게 만들어야 합니다.

예를 들어, 운동을 전혀 하지 않았던 사람이 식스팩 복근을 만든다는 상상을 하며, '매일 100회 복근 운동을 한다'라는 계획을 짠들, 아마 계속 이어갈 수는 없을 것입니다.

마찬가지로, '토익 점수가 지금은 400점이지만 900점을 받고 외국계 기업에서 일한다'라는 이상을 세운들 지금까지 공부 습관이 없었다면, '매일 2시간 공부한다'라고 정해봤자 계속되지 않을 가능성이 클 것입니다.

처음 며칠은 할 수 있어도 허들이 너무 높으면 '나는 할 수 있다', '해낼 수 있다'라는 자신감이 생기지 않아 포기하게 되기 때문입니다.

그래서 처음부터 완벽한 계획, 허들이 높은 계획을 만들지 말고 일부러 느슨하게 만들 필요가 있습니다.

열심히 하다 보면 업무 때문에 할 수 없거나 의욕이 생기지 않아 땡땡이치게 되는 날도 생길 것입니다.

하지만 느슨한 계획이라면 땡땡이치고 싶은 날에도 대응할 수 있습니다. 진척 상황도 눈에 보이기에 높은 의욕 상태로 있을 수 있습니다.

구체적으로 다음과 같은 점에 주의하면서 새롭게 느슨한 계획을 세워봅시다.

1. 목표를 구체적으로 설정한다

첫째, 미래에 이상적인 자신이 되기 위해 익히고 싶은 습관을 구체적으로 설정합니다.

예를 들어, 건강한 생활을 하고 싶다면, 매일 30분의 산책이나 5분의 명상을, 영어를 유창하게 말하고 싶다면 매일 15분간 단어를 외우는 등, 구체적인 행동이나 시간대를 명확하게 정합시다.

여기서 주의해야 할 것은 이상적인 자신이 되기에 적절한 습관인지, 아닌지를 살피는 것입니다. 예를 들어, 통통한 배를 식스팩으로 만들기 위해 복근 트레이닝을 하는 습관을 기르거나 영어를 말할 수 있게 되고 싶어서 영어 단어를 외우는 습관을 기르거나 하는 것은 최적의 수단일 것입니다.

그런데 여기서 흔히 하는 실수가 있습니다. 즉, '70kg의 체중을 65kg까지 빼고 싶다'라고 이상을 이미지화한 습관을 몸에 익혔다고 해도 사실 실현은 어려울지도 모릅니다. 왜냐하면 다이어트는 식사의 영향이 더 크기 때문입니다.

체중을 줄이고 싶다면 운동보다는 식생활을 재검토하는 습관을 기르는 것이 효과적입니다. 이처럼 자신이 지향하는 최종적인 목표로 이어질 수 있는 습관으로, 구체적인 목표를 설정해야 합니다.

2. 일주일별로 작은 단계를 설정한다

습관을 3주 만에 익히기 위해 주마다 작은 단계를 설정합니다. 첫 주는 쉽게 설정해서 가능한 한 매일 하면서 조금씩 늘려가는 계획을 세웁니다.

여기서 조심해야 할 것은 '너무 열심히 하지 않는다'라는 것입니다.

오히려 스스로도 '너무 간단한 것 아닐까?' 하는 정도에서 시작하는 것이 중요합니다. 2주 차부터는 서서히 그 양이나 시간을 늘려가고, 2주 차의 마지막에 자신이 원래 목표로 한 횟수나 시간을 채웁니다.

3주 차에는 그것을 습관으로 정착시키기 위해 목표한 횟수나 시간을 유지하면서 계속해나갑니다. 예를 들어, 매일 아침 30분 산책하는 것을 습관으로 만들려고 한다면, 처음에는 최소 단위로 정해서 '하루에 1분'부터 시작해도 괜찮습니다. 물론 말은 그렇다고는 해도 1분이라고 하면 조금 부족하기에 무리하지 않는 범위 안에서 5~10분부터 시작해도 무방합니다.

주의해야 할 것은 너무 의욕이 넘쳐서 처음부터 최종 목표인

30분을 바로 달성해버리거나 30분 이상 산책하거나 하지 않도록 하는 것입니다. 습관화의 목적지는 '계속하는 것'입니다. 숨 쉬듯 자연스럽게 그 행동을 하게 만드는 것입니다. 그렇기에 계속성의 관점에서 무리가 가지 않는 범위에서 시작해 계속 이어가는 것이 중요합니다.

2주 차에서 부하를 올리고 2주 차 마지막에는 30분 걷는 것을 목표로 해서, 3주 차에는 매일 30분 걷는 것을 목표로 하는 스케줄을 세웁니다. 새로운 습관을 만들 때는 아무래도 처음에는 의욕이 넘치기 마련입니다. 하지만 조급해하지 말고 단계를 차근차근 밟아나가야 합니다. '운동 습관을 붙이겠어!'라고 선언하자마자 바로 다음 날부터 1시간 동안 웨이트 트레이닝을 하다가 무릎을 다쳐 포기하게 된다면 의미가 없습니다.

습관은 이어져야만 습관이 되는 것입니다.

3. 매일의 스케줄을 편성한다

습관을 기르기 위해서는 습관으로 하려는 행동을 매일의 스케줄에 포함하는 것이 중요합니다. 매일 같은 시간이나 같은 장소에서 한다면, 뇌는 그 행동을 습관으로 인식하기 쉬워집니다.

예를 들어, 매일 영어를 30분 공부한다면 '일찍 일어나서 아침 6시부터 공부한다'라고 시간을 고정합니다. 웨이트 트레이닝이나 산책 등도 시간을 미리 고정하고 그 시간에 다른 일정을 넣지 않습니다. 스케줄 표나 알람을 이용해서 정해진 시간에 그 습관에 임할 수 있도록 노력하는 것이 중요합니다.

4. 진척 상황을 가시화하고 피드백한다

진척 상황을 가시화하고 정기적으로 피드백하는 것도 중요합니다. 매주 목표 달성도를 체크하고, 진행 상황이 보이도록 그래프나 메모를 활용합니다.

달성한 것에 대해서는 자신에게 칭찬 등 작은 보상을 준비함으로써 뇌에 긍정적인 자극을 주고 습관 형성을 돕습니다. 조심해야 할 것은 자신이 달성한 목표를 망치는 보상은 피해야 한다는 것입니다.

감량 달성의 보상이 피자나 케이크라면, 노력한 성과를 갉아먹는 셈이 되어 나쁜 습관을 다시 몸에 익히게 될 가능성이 커집니다.

스스로 북돋아주거나 달력에 스티커를 붙이는 등의 기분이 긍정적으로 될 정도가 좋습니다.

5. 유연성을 확보한다

사전에 여러 가지를 생각하고 제대로 계획한다고 해도 생각처럼 잘되지는 않을 것입니다. 빡빡하게 계획을 짜게 되면, 예상치 못한 사태가 발생하거나 생각한 대로 진행되지 않으면 어떻게 해야 할지를 모르게 됩니다.

'아, 아무래도 안 될 것 같다'라는 생각에 우울해져 습관화를 위한 행동을 포기하게 될 수도 있습니다.

예상치 못한 일이 일어나도 포기하지 않으려면 여유 있게 계획을 짜야 합니다. 즉, 어디까지나 '느슨한 계획'을 만들어서 그것을 유연하게 조정하는 자세가 중요합니다.

계획을 세우고 그것에 맞춰 행동했지만, 달성하는 것이 예상보다 어렵게 느껴진다면, 목표를 조금 낮추거나 일정을 변경합시다. 유연성을 가지고 계획을 조정함으로써, 계속하기 쉬운 환경을 만들 수 있습니다.

이러한 포인트들을 조합한다면 새로운 습관을 3주 만에 몸에 익힐 수 있는 느슨한 계획을 만들 수 있을 것입니다.

STEP ③ 습관과 연관된 '환경'에 나를 맡긴다

왜 환경이 중요할까?

인간은 처한 환경으로 인해 크게 변합니다. 회사를 예로 들면,

어떤 부서에서든 별로 눈에 띄지 않던 사람이 부서를 옮기거나 상사가 바뀌었을 경우, 눈에 띌 정도로 업무 능력이 향상되는 일도 드물지 않습니다.

습관 형성도 마찬가지로, 환경이 중요합니다.

인지과학의 관점에서는 환경이 습관화 행동의 트리거(trigger)를 제공한다고 합니다. 환경은 행동에 큰 영향을 미칩니다. 환경이 특정 행동의 트리거가 되면, 그 행동이 자연스럽게 발생하기 쉬워집니다.

인간이 어떤 환경하에 있음으로써 특정 습관이 자연스러운 행동으로 편입되어 노력 없이 계속할 수 있게 되는 것입니다.

예를 들어, 현관에 운동화를 두고 운동화를 신기 쉽게 하면 운동할 환경이 조성되어 운동이 일과가 되기 쉬워집니다. 신발을 현관 앞에 두지 않거나 운동복이 눈앞에 보이지 않으면 '귀찮으니까 됐어'라고 단념할 가능성이 생깁니다.

또한 환경 정비는 외적 동기를 보강하는 효과가 있습니다. 외부로부터의 자극이나 보상이 행동 의욕을 높여 습관 형성에 도움을 줍니다.

예를 들어 운동 습관을 들일 경우, 운동화나 운동복을 평소에 잘 보이는 장소에 놓아둠으로써 운동을 해야 한다는 사실을 떠올리기 쉽게 해서 외적인 동기 부여를 촉진합니다.

자신이 그만두고 싶은 습관이 있는 경우 역시 환경을 조성하는 것이 좋습니다. 예를 들어, 금주한다고 한다면, 자기 주변을 술 마실 수 없는 환경으로 설정합니다. 집 냉장고에 술을 상비하지 않는다, 편의점이나 슈퍼 등 술을 살 수 있는 장소에 최대한 가지 않는다, 술을 마시는 자리에 가지 않는다 등의 노력을 한다면, 자연스럽게 술을 자제하게 될 것입니다.

환경을 조성함으로써 습관이 표준 행동이 됩니다. 뇌는 에너지 절약을 선호하며 간단하고 효율적인 행동을 선택하는 경향이 있습니다. 습관과 관련된 환경을 조성함으로써 그 습관이 가장 자연스러운 선택으로 떠오르게 되고, 뇌는 그것을 우선으로 선택하게 됩니다. 예를 들어 건강한 식사를 기본으로 하려면 집에 건강한 식재료를 늘 갖춰두고, 정크 푸드를 두지 않는 등 환경을 정비하는 것이 좋습니다.

지금까지는 자기 행동을 촉진하거나 통제하는 환경 만들기였지만, 또 하나 커뮤니티로서의 환경 만들기도 외적 동기를 만드는 데 효과적입니다. 주변 환경에 의해 자극을 받아 외적 동기를 높일 수 있습니다.

친구나 가족에게 자신의 목표를 공유하거나 커뮤니티에 참가해 함께할 수 있는 동료를 발견하게 된다면, 이는 습관 형성에 도움이 됩니다. 이러한 사회적 연결이 있으면 의욕이 유지되기 쉬워지기 때문입니다.

예를 들어, 운동을 할 때도 동료와 함께 훈련한다면 습관이 더 단단하게 형성되고 의욕이 유지됩니다. 자신을 그러한 환경 아래에 두어 타인으로부터 자극을 받아서 되고 싶은 이상적인 모습을 좀더 명확하게 할 수 있습니다.

무리하지 않고 환경을 조성해 외적 동기를 높인다

그런데 환경의 중요성을 알고 있어도 막상 환경을 조성하라고 하면, 귀찮아지는 사람도 있을 것입니다. 무리하지 않고 환경을 조성해 외적 동기를 높일 수 있는 포인트를 몇 가지 알려 드리겠습니다.

1. 환경을 정비한다

습관과 관련된 환경 정비는 그 행동을 재촉하는 토대를 쌓는 중요한 스텝입니다.

예를 들어, 매일의 운동 습관을 기르고 싶은 경우, 운동화나 기구, 운동복을 거실이나 침실 등의 눈에 띄는 장소에 배치합니다. 이를 통해 집에 있을 때 운동을 떠올리기 쉬워지고, 실제로 행동하기 쉬워질 것입니다.

2. 환경을 가시화한다

목표가 되는 습관을 환경 속에 가시화함으로써 뇌에 정착하기 쉬워집니다.

예를 들어, 건강한 식습관을 기르고 싶은 경우, 주방에 신선한 과일이나 채소를 놓아두고 정크 푸드를 눈에 띄지 않는 곳으로 이동시킵니다. 시야에 들어오기 쉬운 위치에 건강한 선택지를 배치함으로써 자연스러운 선택으로 받아들이기 쉬워집니다.

3. 편리한 장소에 배치해둔다

습관에 필요한 도구를 사용하기 쉽거나 손에 잡기 쉬운 장소에 배치함으로써 행동이 원활해집니다.

예를 들어, 독서 습관을 기르고 싶은 경우 책을 항상 손이 닿는 곳에 두거나 가방에 넣어 다니는 것입니다. 이를 통해 생각이 나면 바로 습관화를 위한 행동에 착수할 수 있습니다. 행동 개시까지의 허들이 대폭 낮아져 습관 만들기가 효과적으로 진행됩니다.

4. 기본을 설정한다

습관을 기본 선택으로 포함시키는 것도 환경 조성에 효과적입니다. 이것은 행동 장벽을 낮추고 습관이 자동적으로 일어나기 쉽게 하는 접근 방식입니다.

예를 들어, 매일의 습관을 특정 시간대에 하도록 설정하고, 그 시간에는 다른 일정을 넣지 않습니다.

매일 아침 7시부터 15분간 산책을 한다고 한다면, 미리 다른 스케줄을 차단해버립니다. 이것으로 그 시간에는 그 습관을 하는 환경이 기본이 되어 행동으로 이어지기 쉬워집니다.

5. 리마인더나 트리거를 활용한다

리마인더나 트리거를 활용해서 정기적으로 습관을 생각해냄으로써 습관에 임하는 환경을 만듭니다.

예를 들어, 스마트폰 알람이나 달력에 정기적인 알림을 설정함으로써 습관에 대해 주의를 기울일 수 있습니다. 7시부터 매일 아침, 산책하러 간다면 그 10분 전에 알람을 설정하면 좋겠죠.

또한 매일의 진척 상황을 달력이나 앱을 통해 시각적으로 확인하는 것도 추천합니다. 이는 목표에 대한 행동을 구체적으로 느껴지게 하고, 외적 동기를 강화합니다.

6. 사회적 유대를 이용한다

친구, 가족 또는 커뮤니티 동료와 함께 습관을 기르는 것이 큰 동기 부여가 됩니다. 같은 목표를 공유하고 서로 격려함으로써 습관 형성이 더욱 즐거워집니다.

예를 들어 건강한 식습관을 갖고 싶다면, 친구들과 함께 레시피를 생각하고 일주일에 한 번 요리 모임을 진행하면 효과적일 것입니다. 누군가와 함께 행동하지 않더라도, 예를 들어 웨이트 트레이닝을 열심히 하고 싶다면 웨이트 트레이닝을 열심히 하는 사람이 많은 헬스장에 가는 것도 좋을 것입니다.

본격적으로 웨이트 트레이닝을 하려고 한다면 24시간 이용 가능한 헬스장이 아니라 '골드 헬스장'* 같은 헬스장에 간다면 몸짱들이 많아서 자극받을 수 있을 것이고, 되고 싶은 이상적인 모습도 선명해질 것입니다.

마찬가지로, 어학을 본격적으로 공부하고 싶다면 큰마음을 먹고 외국으로 유학을 가거나 해외에서 일하는 것도 생각해볼 수 있을 것입니다. 강제로 외국어를 해야 하는 환경에 처하면 진지하게 임할 수밖에 없습니다.

본받고 싶은 사람들이 있는 환경 속으로 들어간 것은 저의 습관화 과정에서도 큰 역할을 했습니다. 저는 기업에 관심이 있었기 때문에 기업가 커뮤니티에 들어갔습니다. 그로 인해 '이렇게 되고 싶다'라는 외적 동기가 커졌습니다.

---

* 스쿼트랙이나 프리 웨이트 등의 웨이트 트레이닝 기구가 여러 대 설치되어 있고, 경험이 풍부한 트레이너가 상주해서 초보자부터 경기 수준까지 적절한 조언을 제공하고 있어 일반 헬스장보다 조금 더 본격적인 웨이트 트레이닝을 할 수 있습니다. - 역자 주.

그 당시 저는 외국계 회사에서 일하는 회사원이었습니다. 아침 첫차를 타고 출근해서 밤 10시까지 회사에 있는 것이 당연했지요. 기업가 커뮤니티에는 아침부터 밤까지 일하는 사람도 물론 있었지만, 그렇지 않은 사람도 적지 않았습니다.

하루 몇 시간 동안 집중해서 일하는 것만으로 월 100만 엔, 200만 엔, 개중에는 1,000만 엔 이상 버는 사람도 있었습니다. '사업'이라고 하면 맹렬하게 일하는 이미지가 있었는데, 그 커뮤니티에서 사람들을 만나면서 '이런 세계가 있었나?' 하고 깨닫게 되었습니다.

당시 사업을 하고 싶다는 마음은 있었지만, 겁이 나서 할 수 없었는데, 지금까지 몰랐던 세계를 들여다봄으로써 초기 투자나 고정비를 들이지 않아도 사업할 수 있는 방법은 여러 가지가 있고, 생산성만 유지한다면 아침부터 밤까지 일할 필요가 없다는 것을 알게 된 것입니다.

커뮤니티에서 이야기를 듣던 중에 '사업으로 성공한 사람은 결코 특별한 사람이 아니다. 하는 방법만 틀리지 않으면 나도 할 수 있을지 모른다'라고 생각하게 되었습니다.

'사업에 관심은 있지만 실패할까 봐 무섭기도 하고 어려울 것 같은데…'라고 생각한 과거의 모습은 어느새 사라지고, '나도 할 수 있을지도 모른다'라고 마인드가 바뀌게 된 것입니다. 말 그대로, 되고 싶은 이상과 연관 있는 환경에 몸을 맡긴 효과라고 할 수 있습니다.

혼자서만 이미지화하고 있으면 좀처럼 이해하기 어려운 것도 그러한 환경에 뛰어듦으로써 구체적인 이미지가 생겨 자신의 이상에 도달하는 것이 전혀 어렵지 않게 됩니다.

습관과 관련된 환경 정비는 뇌의 구조나 행동 심리학의 원칙에 근거하고 있습니다. 환경이 바람직한 행동을 지원하고 외적 동기를 보강함으로써 새로운 습관이 효과적으로 만들어집니다. 환경 정비를 통해 습관이 자연스러운 행동이 되고, 계속 이어지기 쉽도록 노력하는 것이 중요합니다.

여러분도 지금까지 이야기한 접근 방식을 통해 자신의 주변 환경을 정돈해보시기를 바랍니다. 자신의 라이프 스타일과 목표에 맞춰 이러한 방법을 실천한다면, 새로운 습관화를 만드는 데 도움이 될 것입니다.

1st WEEK

도입

1~7일 차

-자기효능감을 높인다

앞의 WEEK 0에서는
왜 '외적 동기'가
중요한지에 대해 살펴봤습니다.

먼저, 아직 하기 싫은 상태에 있는 습관에
자신을 움직이게 하기 위한 '외적 동기'를 이용합니다.

그러면 그다음은 어떻게 해야 할까요?
그것은, '자기효능감'을 이용하는 것입니다.
'나라면 할 수 있다!'라는 감정을 이용함으로써
자신을 앞으로 나아가게 하는 것입니다.

그러면 어떻게 하면 '자기효능감'을 높일 수 있을까요?
1st WEEK에서 그 방법을 소개하겠습니다.

42%가 시작한 지
7일 만에 포기한다

이 책에서는 새로운 습관을 3주 동안 익히게 하기 위한 단계를 크게 4가지로 나누었습니다.

WEEK 0의 준비기간, 그리고 1st WEEK부터 3rd WEEK까지 7일씩 3단계로 나누었습니다. 물론 각각의 WEEK에 해야 할 과제는 있지만, 습관화에 있어서는 1st WEEK, 즉 처음 7일간이 굉장히 중요합니다.

예로부터 싫증을 잘 내고 무엇을 해도 오래가지 않는 것을 '작심삼일'이라고 했습니다. '무엇을 하자', '습관화하자!' 해도 많은 사람이 계속할 수가 없습니다.

실제로 일반적으로 새로운 습관을 들이려고 할 때, 약 40%의 사람이 첫 일주일 만에 포기합니다. 습관화 컨설턴트 후루카와 타케시(古川武士) 씨가 클라이언트 150명에게 "어느 시기에 습관화하는 데 포기했습니까?"라고 물었더니, 시작하고 첫 7일간의 포기율이 42%였다고 합니다. 42%라고 들으면, '그렇게 높다고?'라고 생각해 의아할 수 있지만, 우리 회사의 코칭 프로그램에서도 같은 결과가 나왔습니다.

코칭을 실시하기 전에 클라이언트에게 물은 결과, 약 40%의 사람이 지금까지 습관화하려고 했지만 약 일주일 만에 포기하게 되었다고 답했습니다.

여러분 역시 그러한 경험이 있을 것입니다.

연초에 '해야지!'라고 결의를 다지며 새로운 목표를 세웠지만, 어느새 그만두게 된 습관 1~2가지가 떠오르지는 않나요? 새로운 것을 하게 되면 처음에는 익숙하지 않고 위화감을 느끼게 됩니다. 그러다가 '뭔가 귀찮네', '안 해도 되지 않나?'라고 생각하게 되었을지도 모릅니다.

어쩌면 '나는 뭐든 금세 질리는 성격이다', '무엇을 해도 오래 지속되지 않는다'라고 자책하는 분들이 있을지도 모릅니다. 하지만 이것은 여러분 잘못이 아닙니다. 그저 인간의 뇌 구조가 새로운 것을 거부하게 되어 있기 때문입니다. 이것은 동물적인 본능입니다. 미지의 세계에 발을 들여놓는 것에 대해 본능적으로 두려움이나 불안을 느낍니다.

그래서 꿈이나 목표를 이루기 위한 행동일지라도 '새로운 변화에 저항하고 항상 같은 것으로 유지하려고' 하는 본능이 있는 것입니다.

예를 들어, 여러분 중에는 다음과 같은 경험을 한 사람이 있을 것입니다.

• 평소 7시에 일어나지만, 아침형 인간이 되면 인생이 바뀐다는 내용의 책을 읽고 난 후에 '이 사람, 5시에 일어나네. 나도 5시에 일어나야지!'라고 생각해서 다음 날 아침부터 5시에 일어나려고 의지를 다졌지만, 작심삼일로 끝나버렸다.

• 올해야말로 지금까지와는 다른, 비약적인 해로 만들고자 연초에 1년간 목표를 세웠지만, 어느새 잊고 있었다.

여기에는 모두 인간을 마음 편한 아늑한 상태로 되돌리려는 '컴퍼트 존(Comfort Zone)'의 힘이 작용하고 있습니다. 컴퍼트 존은 주로 심리학의 세계에서 사용되는 말입니다. 컴퍼트(Comfort)는 영어로 '쾌적한', 존(Zone)은 '범위'라는 뜻입니다.

즉, 컴퍼트 존이란 '그대로 있고 싶다', '현상 그대로가 좋다'라고 안심하고 행동할 수 있는 범위를 말합니다. 이것은 인간이 생명을 지키기 위해 갖추고 있는 기능입니다.

이 기능이 작용하는 것은 환경이 변해도 인간에게는 항상 체내의 상태(체온, 혈액량, 혈액 성분 등)를 일정하게 유지할 수 있는 능력인 생체 항상성(生體恒常性)이 있기 때문입니다.

예를 들어, 기온이 50도 정도인 사막에 갔을 때, 체온이 50도가 되면 살 수 없을 것입니다. 반대로 영하의 한랭지에 갔을 때 우리의 체온이 영하가 되어버리면 큰일입니다. 하지만 그렇게 되지 않도록 인간에게는 생명을 지키기 위해 체온을 일정하게 유지하는 기능이 갖춰져 있습니다.

그래서 컴퍼트 존에서 나오면 안쪽으로 되돌리려고 하는 기능이 작동합니다. 그런 강한 힘은 몸뿐만 아니라 마음에도 작용합니다. 컴퍼트 존은 심리적 영역으로 벽이 되어주기도 하지만, 사람이 '바뀌고 싶다'라고 생각했을 때는 브레이크로 작용합니다.

바뀌고 싶다고 생각해도, 익숙하고 아늑한 환경(컴퍼트 존)에서는 움직이지 않으려는 기능이 작동하기 때문입니다. 예를 들어, 아침 5시에 일어나려고 해도, 그때까지는 7시에 일어나 있던 상태가 쾌적한 상태였기 때문에 하루이틀 노력해봤자 지나 보면 바로 다시 7시에 일어나게 됩니다.

이 컴퍼트 존에 되돌리는 힘(생체 항상성)이 처음 7일 동안에 강력하게 작동하기 때문에 습관화를 위한 행동을 포기하기 쉽습니다.

포기의 원인 =
'반드시 현실로 이루어질 것 같은
확신'의 약화

많은 사람이 새로운 습관을 만들기 위해 시작하지만, 7일 이내에 좌절해버리는 이유의 핵심 키워드가 바로 '자기효능감'입니다. 지금까지도 여러 번 나왔지만, 자기효능감은 '내가 할 수 있다'라고 믿는 힘입니다.

앨버트 반두라(Albert Bandura)가 제창한 '자기효능감 이론'에 따르면, 사람은 자신이 얼마나 목표를 달성하는 능력이 있는지에 따라 행동합니다. 그리고 자기 능력에 자신감을 갖는 것이 성공으로 이어진다고 합니다.

즉, 할 수 있다고 믿는 것이 행동으로 이어지고, '할 수 있다', '틀림없이 할 수 있다'라고 믿을수록 성공 확률도 높아지는 것입니다.

반면, 자기효능감이 낮아지면 목표를 향한 의욕이 감소해 포기하게 될 가능성이 큽니다. 사람은 목표를 달성할 때 자기 자신에 대한 기대나 신념을 가지지만, '안 될 것 같다'라고 느낄 경우 자기효능감이 떨어집니다. 부정적인 이미지를 품음으로써 그 목표를 달성할 자신감이 떨어지고, 반대로 어려움을 의식해 포기하고 싶은 마음이 커집니다.

자기효능감이 저하되는 주요 원인 중 하나는 목표가 실현 가능성을 느끼지 못하게 하는 경우입니다. 목표가 크면 달성하기 어렵다고 느껴 포기할 가능성이 커집니다. 달성 가능성이 적다고 느낄 경우, 사람은 목표에 임할 의욕을 잃고 행동하기가 어려워집니다.

흔히 '목표는 클수록 좋다'라는 말이 있지만, 이 책에서는 3주 만에 습관화하기 위해 큰 목표는 설정하지 않습니다. 예를 들어 토익 점수가 200점인 사람이 '1년 후에 900점을 목표로 한다', 전혀 운동하지 않는 사람이 '매일 조깅을 1시간 한다'라는 목표를 갑자기 내세우는 것은 습관화를 위해서 도움이 되지 않습니다.

자기효능감은 어디까지나 주관적이기 때문에 마음속 깊은 곳에서 '할 수 있다'라고 믿으면 문제 될 것이 없습니다. 반면, 자신이 이상적으로 여기는 모습을 생생하게 상상할 수 있다고 해도 마음속에서 '조금 힘들 것 같은데…' 하는 마음이 있다면 계속하는 것은 쉽지 않습니다.

자기효능감 저하가 포기로 이어진다면, 이것은 악순환을 일으킬 수 있습니다. 좌절이 계속되면 다시 같은 목표에 임하는 것에 대한 저항감이 증가하고, 과거의 실패 경험이 새로운 목표에 대한 자기효능감을 저하시킵니다.

'어차피 또 안 되겠지'라고 생각하게 되어 아무리 노력해도 안 되는 상황에 빠지게 된 경험이 여러분에게도 있을 것입니다. 이 것이 쌓여 포기를 계속하게 되면, 자기효능감의 악화를 초래할 수 있습니다. 습관화를 위해 뭔가를 하려고 하는 생각조차 하지 않게 되는 것입니다.

여러분들 중에는 '나는 운동 경험이 전혀 없지만, 내일부터 매일 아침 1시간 동안 무조건 조깅할 수 있어'라고 생각하는 자기효능감이 높은 사람도 있겠지만, 그것은 드문 경우일 것입니다.

많은 사람이 무리 없이 자기효능감을 높이기 위해서는 소소하더라도 '성공 체험'이 매우 중요합니다. 작은 성공이라도 자기 능력을 직접 느껴야 자기효능감이 향상됩니다.

반대로 실패가 계속되면 자기 능력에 대한 신념이 흔들리고 훗날의 성공에 대한 기대가 떨어집니다. 그래서 그동안 습관화에 실패한 사람은 크기에 구애받지 않고 성공 체험을 쌓는 것이 좌절을 극복하고 자기효능감을 회복시키는 중요한 수단이 됩니다.

예를 들면, 몇 년간 7시에 일어났던 사람이 갑자기 '올해는 일찍 일어나는 사람이 될 거야! 5시에 일어날 거야!'라는 목표를 세우는 것은 추천하지 않습니다. '이번 달은 6시 50분에 일어나야지'와 같은 실현 가능성이 큰 목표를 통해 성공 체험을 쌓는 것이 중요합니다.

그렇게 함으로써 자기효능감도 높아지고, 최종적으로는 5시에 일어날 수 있게 되어 목표를 달성할 수 있었다는 자신감도 생기게 됩니다.

그러면 어떻게 성공 체험을 쌓으면 되는지 구체적으로 이야기해보겠습니다.

'자기효능감'을 높이는
습관 시작법

01 작게 시작한다
- '1일 1회', '1일 1분'부터 시작한다

자기효능감을 높이는 구체적인 방법으로, '작게 시작한다'라는 의식이 가장 중요합니다. 새로운 것을 시작하려고 할 때, 큰 목표를 세우는 사람이 적지 않습니다. 하지만 3주 만에 습관화하기 위해서는 일부러라도 큰 목표를 세우지 않도록 해야 합니다. 환경을 극적으로 바꾸면 생체 항상성이 작동해 본래의 상태로 돌아가려고 합니다.

인간이 가지고 있는 반발하는 힘을 제압하면서 조금씩이라도 앞으로 나아가려면 조금씩 변하고, 조금씩 시작하는 것이 중요합니다. 시간을 짧게 하거나 행동 범위를 작게 하는 것입니다.

작게 시작하면, 성공 체험을 얻을 수 있습니다. '1시간 조깅을 한다'라는 것은 어려울 수 있지만, '10분 조깅한다'라면, 허들이 굉장히 낮아집니다. 마찬가지로, '매일 집 전체를 청소할 거야!' 하는 것이 아니라 '5분만이라도 정리한다', '1분 동안 방 청소를 할 거야'와 같이 설정하면 좋을 것입니다.

작은 성공 체험은 뇌에 긍정적인 자극을 주고, 성공 체험이 자기효능감을 높인다는 연구 결과가 있습니다. 작은 단계부터 시작함으로써 성공 체험을 얻기 쉽게 해서 자기효능감을 강화합시다.

또한, 뇌는 성공이나 목적한 것을 이루면서 도파민을 방출하고 그것은 동기 부여나 학습 의욕 향상으로 이어집니다. 작은 목표의 달성은 뇌의 보수계를 활성화해서 자기효능감을 높입니다. 작게 시작하면 스트레스도 줄어드는 장점도 있습니다. 사람은 큰 과제나 목표에 직면하면 달성하기 위해 부담감이나 스트레스를 느끼게 됩니다.

예를 들면, '팔 굽혀 펴기를 내일부터 50번 해주세요'라고 듣게 되면, 헬스 초보자는 '힘들 것 같은데…'라고 생각할 것입니다. 스트레스를 느끼게 되겠죠. 하지만 '내일은 1번, 모레는 2번, 내일모레는 3번 해주세요!'라고 듣게 된다면, '아, 그 정도는 할 수 있지'라고 생각할 것입니다.

단계를 작게 쪼개서 밟아나감으로써 부담감이 줄면서 실패 가능성이 줄어듭니다. 그럼으로써 마음이 가벼워져서 행동을 계속 이어갈 의욕이 향상됩니다. 습관은 계속하는 행동이 쌓여서 만들어집니다. 작은 목표의 달성은 자기효능감을 유지하는 지지대가 됩니다.

또한, 한 번에 큰 목표에 몰두하면 실패했을 때 크게 좌절하게 됩니다. 이것이 쌓이면 실패에 대한 저항감이 높아져 자기효능감이 줄어듭니다.

그러면 구체적으로 '작게 시작'하려면 어떻게 해야 할까요? 다음의 3가지 포인트에 주의해주세요.

1. 목표와 느슨한 계획을 구체화해서 실천한다

습관화를 시작하기 전에 정한 목표와 느슨한 계획을 첫 일주일간 작은 단계로 나눠야 합니다.

예를 들어, 습관화의 목표가 '복근 운동 50회'라면, '1일 1회'부터라도 전혀 문제가 없습니다. '매일 운동한다'가 목표라면, '1일 1분', 가벼운 스트레칭이나 간단한 훈련 정도는 어떨까요.

'한 달에 책을 1권 읽는다'가 목표라면, '하루에 2페이지를 읽는다'도 괜찮습니다. '이렇게 쉬워도 되는 거야?'라고 생각될 정도로 잘게 쪼개도 됩니다. 여러분이 쉽다고 생각된다면 오히려 그것이 적절한 과제입니다.

여기에서 중요한 것은 첫 단계에서는 행동이 간단하고 접근하기 쉬워야 한다는 것입니다. '매일 운동한다'가 목표인 경우,

매일 어딘가로 가야 하거나 운동 기구가 필요하다면 오래 지속되기 어렵습니다.

또한, 설정 과제는 자신이 컨트롤 할 수 있는 것으로 해야 합니다. 예를 들어, 최종 목표를 '1년 후에는 토익 점수 200점을 올리겠다'라고 하는 경우, 이때 점수는 자신이 완전하게 컨트롤 할 수 있는 것이 아닙니다. 하지만 '매일 10분 공부하겠다', '매일 문제집을 2페이지 풀겠다'라고 한다면, 자신이 노력한다면 할 수 있는 부분입니다. 자신이 행동함으로써 해낼 수 있는 과제로 설정합시다.

행동함으로써 달성할 수 있는 과제로 설정함으로써 자기효능감의 저하를 피할 수 있습니다. 여담이지만, 저는 회사를 경영하고 있습니다. 업적관리평가를 위해 중요한 지표(KPI)에는 행동 습관 지표를 넣곤 합니다. 매출 향상을 어느 정도로 하겠다고 하는 목표는 필요하지만, 그것만으로는 경제 환경 등 개인이 어쩔 수 없는 요인에도 영향을 받게 됩니다. 노력해도 어쩔 수 없는 경우도 생깁니다. 그렇기에 '고객을 ○회 방문한다'와 같이 습관화할 수 있는 행동 지표도 함께 넣음으로써 자기효능감을 높이 유지할 수 있고, 계속 도전할 수 있게 됩니다.

2. 습관화의 타이밍을 확립한다

작게 쪼갠 과제를 습관화하기 위해서는 고정된 시간을 설정하는 게 효과적입니다. 예를 들어, '매일 아침 6시 30분부터 10분 동안 산책한다'와 같은 방식으로 매일의 생활에 그 행동을 포함시킴으로써 뇌는 그 행동을 습관으로 인식하기 쉬워집니다.

행동하기 전후에는 긍정적인 언어로 자신에게 말을 건네는 것도 효과적입니다. 자신에게 '작은 것이라도 좋으니 한번 해 보자!', '잘했어!'와 같은 긍정적인 메시지를 보내면 자기효능감이 높아집니다.

3. 진척 상황을 가시화한다

진척 상황을 가시화해 작은 성공을 자각하는 것이 중요합니다. 예를 들어, '건강한 생활을 보내겠다'라는 목표를 세우고 식습관을 고쳐도 습관화하는 길은 순조롭지 않습니다. 갑자기 극단적인 식사 제한을 한들 아마 계속 이어지지는 않을 것입니다.

방법은 제각각이겠지만, 매일 걷는다고 한다면, 하루 걸음 수를 기록으로 남겨두면 자기효능감은 높아질 것입니다. 매일의 걸음 수가 쌓이는 것이 가시화되면, 그 연장선상에 자신의 이상 체형이 보이면서 습관화를 위한 노력을 더 강화할 것입니다. 진척 사항을 기록하거나 체크 리스트를 작성하면 성취감을 얻기 쉬워집니다.

'1일 1회', '1일 1분'의 작은 과제에서부터 시작할 수 있다면 자기효능감이 길러져 큰 목표를 향한 의욕도 높아집니다. 이것이 습관화의 기반이 됩니다.

02 조금씩이라도 좋으니 '매일' 한다

여러분은 어릴 적에 부모님이나 선생님으로부터 "매일 조금씩 공부하는 것이 중요해"라는 말을 들은 경험이 있을 것입니다. '아니야. 할 때 한 번에 많이 하는 것이 좋을 거야'라고 생각한 사람도 있을지 모르지만, 자기효능감을 높이기 위해서는 작은 양이라도 매일 지속하는 것이 중요합니다.

이것은 뇌의 가소성과 관련이 있습니다.

뇌는 끊임없이 변화하며 학습합니다. 매일 조금씩 같은 행동을 반복함으로써 뇌의 가소성을 활성화해 새로운 신경 결합이 형성됩니다. 이것에 의해 뇌가 그 행동에 주의를 기울이기 때문에 습관으로 몸에 배기 쉽고 자기효능감을 강화하는 기반이 구축됩니다.

예를 들어, '1일 1회 매일'이 아니라, '1일 3회를 할 테니 3일마다 하는 것도 괜찮지 않나?'라고 생각할지도 모르지만, 중간에 공백이 생기면 신경 결합 형성이 느슨해집니다.

일주일에 1번 60분 조깅을 하는 것보다 주 6일 매일 10분 하는 것이 새로운 신경이 형성되기 쉽습니다. 매일 조금씩 행함으로써 작은 성공 체험을 쌓을 수 있습니다. 이것이 '성공 체험의 연쇄'를 낳아 자기효능감을 향상시킵니다.

작은 성공은 큰 목표를 향한 자신감과 의욕을 기르는 중요한 요소입니다. 조금씩 나아감으로써 의욕을 계속 유지할 수 있게 됩니다. 한 번의 큰 노력이 아니라, 매일 조금씩 나아감으로써 목표 달성을 위한 노력이 계속해서 이어져 좌절을 막는 효과가 있습니다.

또한, 조금씩 매일 목표를 달성하게 됨으로써 뇌 안의 보상계가 활성화됩니다. 이것이 성취감이나 기쁨의 감정을 낳습니다. 매일의 작은 성공이 뇌에 긍정적인 피드백을 주어 자기효능감을 더욱 높이게 됩니다.

그러므로 웨이트 트레이닝을 헬스장에 다니면서 습관화하고 싶은 경우는 짧은 시간이라도 우선 매일 헬스장에 다니는 것부터 시작합시다. 웨이트 트레이닝에 정통한 사람은 '안 될 텐데?'라고 생각할지도 모릅니다.

사실 한 번에 전신을 단련하는 웨이트 트레이닝은 강도나 회복력에 따라 다르겠지만 주 2, 3일의 트레이닝으로도 충분할 것입니다. 다리, 등, 가슴 등의 큰 근육은 회복에 보통 2~3일 정도 필요하기에 웨이트 트레이닝을 매일 해도 근육의 회복력이 따라가지 못하고 역효과가 생길 가능성도 있습니다.

하지만 어디까지나 습관화가 목적인 경우, 일단은 짧은 시간이라도 헬스장에 매일 가는 것을 우선적으로 합시다. 헬스장에 매일 가서 웨이트 트레이닝을 할 때 '오늘은 무릎, 내일은 등, 모레는 가슴' 식으로 중점 부위를 바꿈으로써 그 부위를 회복하기 위한 기간을 만들 수 있습니다.

매일 가는 것으로 뇌를 익숙해지게 하는 것이 습관화의 기반이 됩니다. 큰 과제에 갑자기 임하는 것은 스트레스를 불러일으키는 요인이 되지만, 작은 단계에서 시작하는 것은 마음에 안정감을 줍니다.

첫 일주일 동안은 '조금씩이라도 괜찮으니 매일 하는' 구체적인 방법은 다음의 6가지입니다.

1. 목표와 느슨한 계획을 구체화해서 실천한다

매일 조금씩이라도 좋으니 횟수나 시간을 늘려나갑니다. 예를 들어, 웨이트 트레이닝이라면 첫날이 1회였다면, 2회, 3회, 4회…, 이렇게 조금씩 늘려나갑니다. 공부라면 하루에 1분을 2분, 3분, 4분, 독서라면 하루에 1페이지 읽었던 것을 2페이지, 3페이지 하는 식으로 작게 쪼개서 늘려나갑니다.

　나쁜 습관을 그만두고 싶은 경우 역시 마찬가지입니다. 술을 좋아하는 사람이 갑자기 금주를 하는 것은 쉬운 일이 아닐 것입니다. 매일 맥주를 1리터씩 마셨다면 우선은 '절반 정도로 줄여 본다', 같은 양을 마신다고 해도 '알코올 도수가 낮은 술로 바꿔 본다' 등 조금씩 줄임으로써 생체 항상성에 의한 강한 되돌림에 지지 않게 됩니다.

　담배 역시 하루에 1갑을 피웠다면, 1개비씩 줄여나가는 단계를 밟는 것이 중요합니다. 주의하지 않으면 안 되는 것이 목표에 한 번에 도달하려고 조급해하면 안 된다는 것입니다. 예를 들어 복근 운동을 50회 하는 것이 목표라면, '1회부터 시작해서 하루에 1회씩 늘려나가서 목표치에 도달할 수나 있을까?'라는 생각에 불안해질지도 모릅니다.

　하지만 1st WEEK에서는 회수 그 자체보다도 성공 체험을 많이 경험하는 것에 포인트가 있습니다. 조금씩 양이나 시간을 늘려서 목표를 의식하는 것은 2nd WEEK 이후의 과제가 됩니다. '뭔가 부족한데…'라는 생각이 들 정도로 좀이 쑤시는 부하가 딱 적당한 양입니다. 부하를 늘리지 않고 성공 체험을 쌓아나가면서 자신이 느끼게 되는 감각을 체험하는 것 자체를 더 중요시해야 합니다.

2. 매일 같은 시간에 한다

행동을 습관화하기 위해서는 매일 같은 시간에 그 행동을 하는 것이 효과적입니다. 그럼으로써 뇌가 특정 시간에 특정 행동을 하는 것을 익혀 습관화가 진행됩니다.

3. 확실한 루틴을 만든다

행동을 매일 하기 위해서는 그것을 특정 루틴이나 환경과 연결시키는 것이 중요합니다. 예를 들어, '아침 식사 전에 산책한다', '목욕하기 전에 복근 운동을 한다' 등, 확실한 루틴을 만들어둠으로써 행동이 일상생활에 자연스럽게 녹아 들어가기 쉬워집니다.

4. 연쇄 효과를 활용한다

작은 성공 체험이 연쇄 효과를 낳는 경우가 있습니다. 예를 들어, '5회 할 수 있다면 10회도 할 수 있다', '10회 할 수 있다면 15회도 할 수 있다'라고 하는, 한번 작은 목표를 달성함으로써 다음의 목표에도 긍정적인 에너지가 생겨 연쇄적으로 임할 수 있습니다.

5. 진척 상황을 가시화한다

달성한 것을 기록해서 진척 상황을 가시화하는 것은 자기효능감 향상으로 이어집니다. 처음 잘게 쪼개서 진행할 때는 목표 달성까지 굉장히 멀게 느껴질 수 있지만, 진척 사항이 보이기에 성취감이나 만족감을 느낄 수 있게 되어 의욕도 유지될 수 있습니다.

6. 습관화의 보상을 설정한다

습관이 정착되었다면, 그 행동에 대한 작은 보상을 정해둡니다. 자신에게 주는 작은 상이나 좋아하는 행동을 함으로써 행동이 더욱 긍정적인 체험과 연결되어 의욕이 높아집니다.

이것은 진척 상황의 가시화로 행동을 달성했을 때 수첩에 체크해두거나 기억해둡시다.

주의하지 않으면 안 되는 것은 행동을 무효화시키는 보상입니다. 몸무게 감량 달성의 보상이 피자나 케이크라고 한다면, 노력한 결과를 상쇄시킬 가능성이 커집니다. 이른 기상 성공에 대한 보상이 다음 날 늦게까지 일어나지 않는 것으로 하는 것 역시 마찬가지입니다.

이러한 방법을 실천함으로써 '조금씩이라도 괜찮으니 매일 행하게' 되면, 이는 자기효능감 향상으로 이어져 습관화에 더욱 확실하게 접근해갈 수 있습니다.

03 매일 성취감을 되돌아본다
- '성장의 순간'을 의식적으로 느껴본다

자기효능감을 높이기 위해서는 성취감을 매일 느끼는 것이 중요합니다. 처음 일주일은 스스로 '간단하네'라고 느낄 정도로 작은 과제에서 시작하기에 많은 사람이 해낼 수 있을 것입니다.

하지만 '해냈다!'에서 끝나는 것이 아니라 그렇게 느낀 성취감을 회고해봄으로써 자신이 '앞으로 나아가고 있구나' 하는 감각을 의식적으로 느끼는 것이 중요합니다.

인지과학의 측면에서 성취감을 되돌아보는 것은 긍정적인 감정을 강화합니다. 성공 체험을 떠올려봄으로써 긍정적인 감정을 불러일으켜 도파민 등 뇌의 보상계를 활성화하기 때문입니다.

도파민은 쾌감이나 보상과 관련이 있어, 이것이 방출되면 의욕이 올라가고 자기효능감이 강화됩니다. 성취감을 회고해봄으로써 성공 체험을 강조하는 수단입니다. 자신이 해낸 것에 초점을 맞춤으로써 자기 평가가 올라가 '또 해냈다. 이대로 계속해 나가면 이상적인 내가 될 수 있어' 하며 자신감이나 자기효능감이 올라갑니다.

작은 성공 체험이라도 회고해봄으로써 긍정적인 사고패턴이 형성될 수 있습니다. 성공에 초점을 맞추게 되어 실패나 장애를 의식하지 않게 되고, 자기 능력을 믿는 긍정적인 태도가 길러집니다.

큰 목표를 세워서 작심삼일로 끝나버리면 '아, 역시 나에게는 무리야' 하는 부정적인 사고패턴이 생길 수 있습니다. 1일 1분, 2일 2분이라도 좋으니 성공함으로써 그러한 부정적인 악순환에 빠지는 것을 방지합시다. 매일 적게 쌓더라도 그것을 되돌아봄으로써 '나는 역시 할 수 있어!'라고 자기효능감을 높이는 패턴을 만드는 것이 중요합니다.

작은 것이라도 좋으니 자신이 앞으로 나아가고 있다고 자각할 수 있는 구조를 만드는 것입니다.

되돌아보는 것 자체가 뇌의 가소성을 지지해줍니다. 성공 체험을 종종 회고해봄으로써 뇌가 새로운 연결을 형성하기 쉽고, 긍정적인 변화를 낳습니다.

또한, 성취감을 회고해보는 습관은 목표에 대한 의욕을 유지하는 데도 도움이 됩니다. 과거의 성공 체험을 회고함으로써 '나는 이 정도로 할 수 있는 사람이야'라고 미래의 목표에 대한 열정이나 의지를 재확인하고, 노력을 계속할 수 있는 동기가 됩니다.

그러면 지금부터 구체적으로 어떻게 회고하는지 그 방법을 이야기해보려고 합니다.

1. 회고 시간을 확보한다

매일 하루의 끝에 하루를 되돌아보기 위한 특정 시간을 확보합니다. 예를 들어, 자기 전 10분이나 일과를 끝낸 후 등 일정한 시간을 회고하는 데 배분합니다. 어렵다면 수분, 수십 초라도 괜찮습니다. 짧은 시간이라도 매일 회고해봅시다.

2. 진척 상황을 가시화하고 행동을 추적한다

다음으로, 미리 작성한 느슨한 계획을 토대로 진척 상황을 가시화합니다. 자신의 성장이나 변화를 그래프나 표로 해서 살펴봄으로써 자기효능감을 향상시킬 수 있습니다. 그날 한 행동을 메모나 앱을 통해 추적합니다.

어떤 식으로 행동했는지, 시간은 어느 정도 사용했는지 상세하게 기록합니다. 그럼으로써 매일의 진척 상황이 시각적으로 잘 보입니다. 예를 들어, 복근 운동을 첫날 1회, 둘째 날에 2회 했다면 그것을 써둡니다.

제 경우, 과음하지 않기 위해 앱을 사용합니다. 매일 어느 정도 알코올을 마셨는지를 기록하는 정도의 간단한 구조입니다. 음주량을 기록함으로써 '오늘은 잘 버텼네', '오늘은 조금 아쉽네' 같은 알림창이 뜨기에 자신이 어느 정도 계속 절주(節酒)하고 있는지 일목요연하게 알 수 있습니다. 첫 일주일은 허들을 낮게 설정해두면 '잘 버텼습니다', '잘 버텼습니다' 하는 메시지를 매일 보게 됩니다. 그러면 계속하고 싶다는 의욕이 자연적으로 높아져 '내일도 힘내자!' 하는 기분이 듭니다.

전용 앱을 사용하지 않더라도 노트나 핸드폰 메모장에 자신이 알기 쉽도록 기록하는 것도 괜찮습니다. 어떤 방식으로 할지는 사람마다 다를 것입니다. 자신이 힘들이지 않고 간단하게 할 수 있는 방법을 골라 그것을 계속할 수 있으면 됩니다.

3. 행동을 확인한다

하루의 끝에 느슨한 계획을 실행할 수 있었는지, 아닌지를 확인합니다. 시간을 들여서 할 필요는 없습니다. 자신이 한 걸음, 한 걸음 나아가고 있다는 의식을 심어주는 목적이기에 '오늘은 해냈다!' 정도의 확인만 하면 됩니다.

4. 성취감을 확인하고 긍정적인 피드백을 한다

성취감을 느낄 수 있는 부분을 발견해서 그것에 초점을 맞춥니다. 작은 성공이라도 괜찮습니다. 그것에 대해 자신이 긍정적인 피드백을 주어 성공을 적극적으로 평가합니다. 성공 체험을 의식해서 긍정적으로 느끼는 것이 포인트입니다.

예를 들어, '복근 운동을 매일 50회 한다'라는 목표를 설정해서 첫날 1회, 둘째 날 2회, 셋째 날 3회, 이런 식으로 해나간다고 합시다. 이때 최종 목적과 자신의 현재 상태를 비교하면서 의식하면 안 됩니다.

'3일 만에 3회 했지만, 앞으로 47회나 남았구나…'라고 생각하게 되면, 뇌는 자신의 부족한 부분을 의식해서 점점 실현할 수 없다는 기분이 들게 합니다. 그러므로 '몇 회 부족하지'가 아니라 '몇 회나 할 수 있게 되었다'를 의식해서 회고합니다.

5일 차에 5회 했다면 '첫날 1회의 5배나 해냈잖아!'라고 평가함으로써 뇌는 자신이 성장하고 있다고 느낍니다. 앞으로 나아가고 있다는 것을 실감하게 됩니다. 항상 스타트한 시점에서 현 상태를 점검해야 합니다.

이러한 방법을 차례대로 실천함으로써 '매일 성취감을 회고'하는 작업이 자기효능감을 높이고 긍정적인 자기 이미지를 기르기 위한 좋은 수단이 됩니다.

04 '확실하게 앞으로 나아가고 있어!'라고 큰 소리로 말하는 긍정 확언

습관화 과정에서 피할 수 없는 것이 긍정 확언입니다. 이것은 2nd WEEK에서도 중요한 개념이기에 상세하게 살펴보려고 합니다.

긍정 확언이란 자신이 달성하려고 하는 것, 앞으로 하려고 하는 것을 자신에게 스스로 들려주는 등, 적극적으로 반복해서 자기효능감을 높이는 수단입니다. 자신에 대한 긍정적인 신념을 강화해 자신이 되고 싶은 상태나 목표에 대한 성취감을 높이는 효과가 있습니다. 기업의 연수나 프로 스포츠 현장에서도 사용되는 방법입니다.

그런데 자기가 달성하려고 하는 것을 끊임없이 들려준다고 해서 그것으로 끝은 아닙니다. 여기에는 몇 가지 포인트가 있습니다.

먼저, 긍정적인 표현으로 반복하는 것이 중요합니다. 예를 들어, '나는 스스로에 대한 자신감이 있습니다'라거나 '나는 건강해서 행복합니다'라고 하는 긍정적인 문장이 긍정 확언의 한 가지 예입니다.

그리고 현재형으로 자신에게 계속 들려주는 것을 잊지 말아야 합니다. 이것은 장래에 되고 싶은 상태를 현재의 상태로 포착해서 실현 가능성을 높이는 역할을 합니다. 예를 들어, 여러분에게 살을 빼고 싶다는 목표가 있다고 합시다. 이 경우, '살 빠지고 싶다', '살이 빠지겠지'가 아니라 '날씬하다'라고 이미 실현된 것처럼 말하는 것이 효과적입니다.

긍정 확언에는 뇌를 변화시키는 효과가 있습니다. 한 번이 아니라 계속해서 적극적으로 말을 반복함으로써 뇌에 긍정적인 메시지를 집어넣어 신념이나 태도의 변화를 불러옵니다. 최신 연구에서도 긍정적인 말은 뇌의 신경전달물질이나 뉴런의 결성에 영향을 주어 긍정적인 감정이나 신념을 강화한다는 것이 밝혀졌습니다.

가능한 한 자신의 방 등의 조용한 곳에서 소리를 내면서 시험해주세요. 주변에 사람이 있어서 말로 할 수 없을 때는 소리를 내지 않고 머릿속에서 그 말을 떠올리는 것으로도 효과가 있습니다. .

긍정 확언은 사고를 억지로 긍정적으로 바꾸는 방법이 아닙니다. 긍정적인 사고방식에 의해 현실을 좋은 방향으로 바꾸는 사고법(포지티브 싱킹, positive thinking)도 아닙니다.

예를 들어, 부정적인 사고를 하는 사람이라도 '나는 날씬해', '나는 날씬해'라고 반복해 자신에게 들려줌으로써 그것이 시각화된 것과 마찬가지로 뇌에 전달되어 뇌 신경회로의 배선을 조금씩 바꿉니다.

부정적인 사람이라도 일시적이지만 억지로라도 긍정적으로 생각할 수 있도록 하는 것이 아닌, 사고법 그 자체를 근본적으로 바꾸는 것입니다. 양동이의 물이 처음에는 탁했다고 해도, 점점 맑아지는 광경을 상상해본다면 알기 쉬울 것입니다. 긍정 확언을 반복하면 반동으로 되돌아갈 가능성은 적어집니다.

아마도 여러분은 '작은 단계부터 시작해도 괜찮다'라고 이야기해도 반신반의할 것입니다. 하지만 의심스러워도 일단 시험해보세요. '나는 절대 앞으로 나아가고 있다!'라고 하는 긍정 확언을 반복함으로써 습관화를 향한 어려운 관문인 첫 일주일의 포기 가능성을 낮추는 데 굉장히 효과적입니다.

긍정 확언은 긍정적인 방향에 초점을 맞춰 진척 상황을 강조합니다. 사람은 성취감을 얻음으로써 의욕이 향상되어 목표에 대한 자신감이 높아집니다. 현재의 과제에 대해서도 긍정적인 시각을 가질 수 있게 됩니다.

예를 들어, '복근 운동을 하루에 1번씩 하는 것으로는 크게 달라지지 않는다'라고 생각할 수도 있지만, 그것에 주의를 기울임으로써 확실하게 앞으로 나아가는 것을 자각하게 되어 목표 달성을 위한 자기효능감을 높일 수 있습니다.

긍정 확언은 부정적인 자기 이미지나 자기 부정적인 사고에서 빠져나와 긍정적인 심리 상태를 길러줍니다. 정말 그렇게 생각하지 않더라도 그렇게 제창함으로써 사고가 바뀝니다. 그러므로 자신이 부정적인 상태라도 우선은 긍정적인 말을 반복하는 게 중요합니다. 실제로, 인지과학의 측면에서는 긍정 확언에 의해 긍정적인 사고패턴이 구축된다고 합니다.

심리학자 마틴 셀리그먼(Martin Seligman)은 '낙관주의'에 초점을 맞춰 긍정적인 사고가 개인의 심리적인 건강이나 성공에 끼치는 영향을 강조하고 있습니다. 앞으로 나아가고 있다는 말은 현실의 진척 상황을 긍정해 낙관적인 생각을 하게 만들어줍니다.

행동의 습관화도 돕습니다. 심리학자 바턴은 '습관은 자기관념을 형성해 자신에 대한 신념을 강화한다'라고 말합니다. 확실하게 앞으로 나아가고 있다는 말을 주기적으로 함으로써 이것이 행동 패턴으로 확립되어 목표에 대한 적극적인 접근이 몸에 뱁니다.

그러면 지금부터 긍정 확언을 어떻게 활용하는지 알아봅시다.

1. 매일 같은 시간에 긍정 확언을 소리를 내서 말한다

매일 같은 시간에 긍정 확언을 큰 소리로 말합니다. 이것은 언제라도 상관없습니다. 하루의 흐름을 생각해보면 습관화를 위한 과제를 진행한 후, 그것을 회고한 후가 가장 좋습니다. 이 책에서는 하루의 끝에서 되돌아본 후에 긍정 확언을 하는 것을 추천합니다.

2. 긍정적이면서 구체적인 문장을 고른다

긍정 확언은 일인칭을 전제합니다. 문장 주어에는 '나', '저'를 넣어야 합니다. 긍정적이면서 구체적인 문장을 포함하는 것이 중요합니다. 우선 습관화를 시작해서 아직 적응을 못 한 첫 일주일은 '나는 확실하게 앞으로 나아가고 있다!'라고 말하는 것이 좋습니다.

그 후에 자신이 앞으로 되고 싶은 모습을 말합니다. 행동의 연장선상에 있는 이상적인 이미지입니다. '복근 운동을 했더니 식스팩이 생겼다', '체중이 65kg이 되었다' 등입니다.

여기에서의 포인트는 구체적인 진척 상황이나 성과에 초점을 맞춰서 자기 행동이나 노력을 칭찬하는 표현을 고르는 것입니다. 예를 들어, 운동 습관의 경우, 실제로 그날 한 것을 회고하면서 '이 운동 습관(자신이 정한 최종 목표, 예를 들어, 매일 30분 산책한다)을 몸에 배게 해서 체중이 65kg이 되었다'라고 긍정 확언을 합니다.

땀을 흘린 후의 느낌이나 건강한 식단의 음식 맛, 목표 지점에 도달했을 때의 기쁨의 감정을 오감으로 느끼면서 상상합니다. 오감을 맛보는 상상은 목표를 설정했을 때의 상상과 같습니다.

여기에서는 항상 긍정적으로 표현하는 것을 염두에 두세요. 뇌는 부정적인 언어를 들어도 그 내용을 이미지화할 수 없습니다. 뇌의 'GPS 기능'은 어떤 이미지에서 무언가를 소거하거나 혹은 하지 않는 이미지를 그려나가거나 할 수 없습니다.

예를 들어, 흡연자가 금연을 목표로 했을 경우, '나는 담배를 피우지 않는다'라고 하는 것이 아니라, '나는 비흡연자가 되었다'라고 긍정적인 언어 표현을 골라야 합니다. 긍정적인 표현을 하면 뇌의 'GPS 기능'은 비흡연자의 모습이나 체취, 복장이나 행동 등을 이미지화할 수 있습니다.

뇌는 그 이미지를 목표로 행동을 개시합니다. 'GPS 기능'은 바르게 프로그래밍하면 할수록 효과를 발휘합니다.

3. 현재형으로 자신이 바라는 이미지를 표현한다

그러면 어떤 식으로 해야 하는지 정리해보겠습니다. 먼저, '나는 확실하게 앞으로 나아가고 있다!'라고 현재형으로 표현하는 것부터 시작해주세요. 그럼으로써 성취감을 현재의 상태로 인식하게 되어 그것을 더욱 진짜처럼 느끼게 됩니다. 그리고 2번에서 이야기한 예처럼 오늘 해야 할 일을 되돌아보면서 자신이 바라는 이미지를 구체적인 문장으로 긍정 확언을 해주세요.

여기에서는 예를 들어, '나는 살이 빠져서 근육질 몸매가 되었다'라는 표현보다는 '나는 날씬해져서 근육질 몸매가 되어 체중이 65kg이 되었다'라고 하는 편이 뇌의 'GPS 기능'이 작동되기 쉽습니다. '지금보다 근육질 몸이 되어 10kg 살 빠지고 싶다'와 같은 형태가 아니라 이상적으로 생각하는 구체적인 체중을 이미지화하는 것이 중요합니다.

그러므로, 예를 들어 다이어트를 하는 사람이라면, '나는 확실하게 앞으로 나아가고 있다! 웨이트 트레이닝을 어제는 1번 했지만, 오늘은 2번 했다! 나는 살이 빠져서 체중이 65kg이 되었다!'라고 긍정 확언을 하면 됩니다. 어학 공부를 하는 사람이라면 '나는 확실하게 앞으로 나아가고 있어! 오늘은 새로운 단어를 3개 외웠어! 나는 토익에서 990점을 받았어'라고 자신에게 들려주면 됩니다.

이상적인 이미지도 현재형으로 하는 것이 포인트입니다. 여기서 '65kg이 되고 싶어', '65kg을 목표로 하고 있어'와 같은 형태라면 자신이 되어 있지 않다는 것에 긍정하는 것이 됩니다. 어디까지나 현재형으로 해서, 되어 있는 상태로 표현하는 것이 자기효능감을 높이는 데 효과적입니다.

또한, 말로 하지 않아도 긍정 확언을 할 때는 오감을 사용합시다. 다이어트를 실현하고 싶다면 체중이 줄어서 좋아하는 옷을 입고 외출하는 모습을, 어학을 습득하고 싶다면 해외에서 일하고 있는 모습 등을 상상하는 것만으로도 효과는 더욱 높아질 것입니다.

이러한 포인트들을 도입해서 매일의 긍정 확언을 실천해봅시다. 1~2분 정도의 짧은 시간이라도 괜찮습니다. 언제나 긍정적인 사고방식을 자신에게 들려주다 보면 머릿속에 있던 부정적인 사고방식은 사라질 것입니다. 긍정적인 말을 자신 안에서 반복함으로써 불안, 주저함 등이 사라지고, 자기효능감이 높아져 습관화에 도움이 됩니다.

그럼에도
포기할 것 같을 때의 대책

그런데 아무리 노력한다고 해도 첫 일주일 동안 약 40%의 사람이 포기해버린다고 합니다. '유비무환'이라고, 포기하게 될 것 같을 때의 대책도 준비해봤습니다.

'그렇게까지 할 필요가 있을까…'라고 생각하는 사람도 있을 것입니다. 하지만 인간의 뇌가 새로운 환경에 적응하는 것은 상상 이상으로 어려운 일입니다. 새로운 습관을 기른다는 것은 존재의 루틴이나 환경에 변화를 불러오기 때문입니다. 첫 일주일 동안은 특히 새로운 상황에 적응하는 것이 간단하지 않습니다. 아무리 '작은 것부터 시작한다'라고 해도, 그 혼란은 반드시 생긴다고 생각해둡시다.

또한, 초기 단계에서는 변화의 적응에 반하는 스트레스나 불안감이 생기기 마련입니다. 앞에서도 이야기한 것처럼 뇌는 변화를 싫어합니다. 사람에게는 평안하고, 안정적인 상태로 돌아가려고 하는 본능이 있기에 변화를 거부합니다. 이 스트레스가 포기하게 되는 원인이 됩니다. 인지적 저항을 막기 위해서라도 대책은 전략적으로 짜두는 것이 좋습니다.

첫 일주일 동안은 자기효능감 역시 극심하게 변화하기에 그 대책도 빠질 수 없습니다. 자기효능감은 습관화의 열쇠가 되기에 당연하지만, 상황에 의해 올라가기도 하고 내려가기도 합니다. 작은 성공 체험을 쌓는 것으로 자기효능감을 높이는 방법에 대해 앞에서 이야기했는데, 장벽을 만나게 된다면 자기효능감은 저하할 수밖에 없습니다. 포기할 것 같을 때, 자기효능감의 저하에 대처하는 수단은 필요합니다.

구체적인 대책은 다음의 2가지입니다. 이 2가지의 공통되는 사항은 자기 행동을 의식적으로 컨트롤한다는 것입니다. 새로운 것을 시작하는 것은 자신에게 지금까지와는 다른 임무가 주어진다는 것이므로, 자신을 얼마나 통제할 수 있는지가 중요해집니다.

'‘A 한 후에 B 한다’라는 룰을 만든다
- 트리거와 앵커

사람이 지금까지 해본 적 없는 아예 새로운 행동을 하려면 큰 힘이 필요합니다. 익숙한 행동이라면 무의식적으로 할 수 있지만, 익숙하지 않은 행동에는 의지가 필요하므로 의도적으로 의지가 필요하지 않은 상태를 만들어 행동으로 이어지게끔 하는 것은 어떨까요?

그 방법 중 하나가 '트리거와 앵커'입니다. 앵커는 바다에 내린 배의 닻입니다. 그리고 그 닻을 고정하는 역할을 하는 것이 트리거입니다. 닻을 내린 배는 제한된 범위에서만 움직일 수 있습니다. 즉, 트리거로 움직일 수 있는 범위가 결정됩니다. 인지과학의 세계에서는 어떤 계기(트리거)에 의해 어떤 행동(앵커)이 작용하는 것을 '트리거와 앵커'라고 부릅니다.

뇌는 에너지를 절약하는 성질을 가지고 있습니다. 새로운 것을 하고 싶지 않아 하고, 익숙한 행동은 의사결정 없이 자동으로 실행하고 싶어 합니다. 그렇기에 트리거와 앵커를 사용해 뇌가 자동으로 처리하는 형태를 만듦으로써 습관화로 이어지게 합니다.

'A 한 후에 B 한다'라는 룰을 만듦으로써 행동이 자동화되어 인지적인 노력을 줄이고 포기하게 되는 리스크를 저하시킵니다. 뇌가 의사결정에 쓰는 힘을 온 힘을 다해 줄이는 것입니다.

예를 들어, 이미 매일 아침 양치하는 습관이 있는 경우, 그 후에는 체중을 재는 행동으로 연결시킴으로써 '양치'가 '체중을 재기' 위한 트리거가 됩니다. '양치하면 체중을 잰다'라고 하는 구조가 만들어지면 '언제 체중을 잴까?', '귀찮으니까 그냥 자기전에 할까?'라고 하는 생각조차 필요가 없어집니다.

즉, 의지 없이도 자신을 컨트롤할 수 있습니다. 체중을 재기 위해 에너지를 사용하지 않고 끝나는 것입니다.

이것은 'if-then 룰'이라고도 불립니다. '만약 ○○하면, △△한다'처럼 룰로 만들면 새로운 습관을 몸에 익히기 쉽다는 것은 연구를 통해서도 증명되고 있습니다. 포인트는 '트리거와 앵커를 어떻게 설정하는가'입니다.

새로운 행동을 일으키는 계기가 되는 트리거는 '양치'처럼 이미 가지고 있는 습관이나 일상적인 일과 결부시켜서 활용하면 효과적입니다. 예를 들어, 아침에 눈 떴을 때, 식사 후, 샤워 전후 등이라면 누구나 설정하기 쉬운 트리거가 될 것입니다. 이미 몸에 밴 습관을 트리거와 결부시킴으로써 새로운 습관으로 만들기 쉬워집니다.

트리거가 설정되었다면 앵커를 정합니다. 앵커를 기존의 행동이나 환경 안에 넣습니다. 예를 들어, 트리거가 아침 양치일 경우, 그 후에 할 새로운 습관(체중을 잰다, 산책한다 등)을 앵커로서 활용합니다. 이것으로 트리거가 발생하면 동시에 새로운 습관이 자연스럽게 이어지는 구조가 만들어집니다.

'A 한 후에 B 한다' 룰은 가능한 한 명확하게 하는 것이 포인트입니다. 예를 들어, '아침에 눈을 뜨면, 바로 5분간 스트레칭을 한다'와 같은 구체적인 룰을 만듭니다.

트리거와 앵커는 많은 사람에게 활용되고 있습니다. 예를 들어, 야구선수인 이치로(鈴木 一朗)는 현역 시절에 타석에 들어설 때 항상 같은 동작을 하는 것을 습관화했습니다. 이것도 같은 동작을 한다(트리거, 방아쇠)와 집중할 수 있어서 더 잘되는(앵커, 결과) 자신 안에서 룰을 만든 것이지요.

트리거와 앵커를 정하면 에너지를 사용하지 않고 집중 상태에 들어갑니다. 그러므로 트리거는 신체 동작을 수반하는 것을 받아들이는 데도 효과적입니다. 예를 들어, 정신을 집중해서 일을 해야 할 때, 얼굴을 찰싹찰싹 때리면 정신이 바짝 차려지는 것 같은 것도 트리거와 앵커로 설명할 수 있습니다. 얼굴을 찰싹찰싹 때리는 것이 트리거, 정신이 바짝 차려지는 것이 앵커라고 볼 수 있습니다.

'자신의 행동'을 옆에서 지켜본다
- 메타인지

습관화를 시작해서 첫 일주일 동안은 쉽지 않을 것입니다. 많은 방해물이 숨어 있습니다. 예를 들어, 식생활을 개선하겠다고 생각해도 무심결에 단것을 먹게 되거나 술을 마시게 됩니다.

이것은 습관화하고 싶다는 바람 이상으로 자신의 충동에 지배되어버리기 때문입니다. 그래서 충동에 몸을 맡기는 것이 아니라 자기 행동을 자각하는 과정을 준비해두는 것이 좋습니다. 이 대책이 '메타인지'입니다.

메타인지는 자신의 감정이나 충동이 행동에 어느 정도로 영향을 주고 있는지를 이해하며, 그것을 객관적으로 관찰하는 기술입니다. '자신을 객관적으로 바라보는 힘'이라고 표현할 수도 있을 것입니다.

예를 들어, 식생활을 개선하고 싶은데 술을 종종 마시고 있는 사람이라면 메타인지가 되어 있지 않은 상태입니다. 충동적으로 마시는 자신을 객관적으로 관찰하고 있지 못하고 있습니다. 메타인지가 가능하면 자신의 충동을 옆에서 지켜봄으로써 감정에 휘둘리지 않고 냉정한 판단을 할 수 있습니다.

'앗, 살을 빼려고 했는데 맥주를 1리터나 마시면 안 되지'라고 깨달으면 다음 날부터는 마시는 것을 자제하는 게 어느 정도 가능해질 것입니다. 자신의 충동이나 행동 패턴을 관찰함으로써 그 경향을 파악하고 포기하는 사인을 빠르게 캐치할 수 있습니다.

포기하게 만드는 유혹을 눈치채게 되면, '마시고 싶다'라는 충동적인 감정과 '마신다'라고 하는 행동을 떨어뜨려 냉정한 판단을 내리는 것이 가능합니다. 메타인지를 통해 자신의 충동을 냉정하게 분석할 수 있으면, 이는 자기효능감의 유지로 이어집니다.

물론 그렇다고는 해도 '자신을 관찰하는 것은 어렵지 않나요?'라고 생각할 것입니다. 안심하세요. 인지과학 분야에서는 메타인지를 어떻게 익혀야 하는지에 대한 꽤 많은 연구가 진행되었어요.

지금부터 ACT(Acceptance and Commitment Therapy) 인지행동 트레이닝을 소개하려고 합니다.

1. 감정의 실황을 중계하고 수용한다

습관을 향한 행동을 포기하게 할 것 같은 충동이 생겼다면, 그 감정을 실황 중계함으로써 자신을 관찰하기 쉽게 만듭니다. 실황 중계가 충동적인 행동을 예방하는 효과적인 대책인 것은 연구를 통해 밝혀졌습니다.

예를 들어, 금주하고 싶은데, 술을 마시고 싶어진다면 '지금 나는 술을 마시고 싶다'라고 생각한 것을 그대로 말로 뱉습니다. 포인트는 감정을 솔직하게 받아들이는 것입니다. ACT에서는 감정을 그대로 받아들이는 것을 중요하게 여깁니다.

자신의 충동적인 감정을 거절하는 것이 아니라, 그 감정에 어떤 의미가 있는지를 이해해봅시다. 그 감정이 어떤 것인지를 실황 중계함으로써 이해하는 자세가 중요합니다.

예를 들어, '지금 감자칩을 먹고 싶다고 느끼고 있다. 이것은 새로운 습관에 반대하는 충동일지도 모른다'와 같이 구체적인 말로 감정을 언어화합니다. 자신의 충동적인 감정과 그 대화를 통해서 마음의 유연성을 기릅니다.

2. 딜레이 테크닉을 도입한다

충동적인 감정이 생겼다면, 5분 정도 다른 것에 집중해봅시다. 이것을 딜레이 테크닉이라고 합니다. 딜레이(delay)는 영어로 '늦춘다'라는 의미입니다. 감정이나 충동에 몸을 맡기는 것을 늦추기 위해서 일시적으로 마음을 다른 곳으로 돌려 거리를 두는 수단입니다.

마음을 다른 곳으로 돌리는 대상으로는 가까운 데 있는 것이나 가볍게 할 수 있는 것이 좋습니다. 심호흡, 명상, 산책 등이라면 누구나 아무것도 사용하지 않고 쉽게 할 수 있습니다. 5분이 적당하지만, 1분 정도라도 효과를 볼 수 있습니다. 감정의 고양을 누그러뜨려 냉정한 판단이 가능해집니다.

딜레이 테크닉을 계속해서 실천함으로써 자신의 충동에 유연성을 가지고 대응할 수 있는 능력이 생깁니다.

3. 자기효능감을 높인다

딜레이 테크닉에서 5분(상황에 따라서는 1분이어도 괜찮습니다)이 지난 후에는 새로운 습관에 집중합니다. 식생활을 개선하고 싶은데 감자칩을 먹고 싶은 충동이 생겼다면, 건강에 좋은 음식을 먹는 것으로 대체합니다. 공부하고 싶은데 핸드폰을 보고 싶어진다면 참고서를 읽습니다.

'감정의 실황 중계 → 딜레이 테크닉 → 새로운 습관'이라는 흐름을 정착시킴으로써 포기하지 않을 수 있게 되고, 점차 자기효능감이 높아집니다.

회고는 새로운 습관이 몸에 배게 한다는 목표를 달성하기 위한 이미지 재강화로 이어집니다. 회고와 이미지 재강화의 필요성에 대해서는 인지과학과 코칭, 두 분야에서 확인할 수 있습니다.

인지과학 측면에서 회고는 체험 기억을 강화합니다. 새로운 행동이나 경험을 정기적으로 회고함으로써 뇌는 그 정보를 더욱 깊게 기억해 장기적인 학습으로서 보완할 수 있습니다. 그 과정이 습관 형성에 도움을 줍니다.

또한, 회고를 통해 감정과의 연결을 강화합니다. 성공 체험이나 달성한 기쁨 등의 긍정적인 감정이 의욕을 고양시킵니다.

과제 극복을 할 때의 고난에 대한 감정도 이해하기 쉬워집니다. 더욱이, 회고는 자기 인식을 향상시킵니다. 자기 행동이나 선택을 냉정한 시선으로 바라보면서 자신을 객관적으로 이해할 수 있게 되어 더욱 좋은 방향으로의 수정이나 진화도 가능해집니다.

회고의 효과는 코칭의 관점에서 더 클지도 모릅니다. 코칭에서는 한정된 기간에서 회고하는 것은 자신을 바꾸는 데 굉장히 효과가 있다고 일컬어집니다. 먼저, 회고는 통찰과 깨달음을 얻을 수 있습니다.

일주일간 노력하는 과정에서 잘된 부분이나 잘되지 않은 부분이 있고, 답답하거나 기쁨 등의 여러 가지 감정을 느꼈을 것입니다. 회고하지 않고 그대로 진행했다면 그러한 감정과 마주할 기회를 잃게 됩니다. 회고함으로써 스스로 감정을 깨닫고, 그것을 다음 단계로의 배움이나 성장으로 연결할 수 있습니다.

코칭은 보통 코치와 마주하면서 진행되기에, 코치가 '이 일주일간 어떻게 했나요?', '새롭게 일주일 해봤더니 어땠나요?' 하고 질문을 던지지만, 여러분은 자문자답해주세요.

스스로 질문을 던지거나 대화를 통해 깨달음을 얻을 수 있어 습관화에 대한 성공 체험의 이미지를 강화할 수 있습니다. '하루에 1번이라도 7일 차에는 7번 할 수 있다'라고 회고해본다면 자기효능감 향상으로 이어져 '다음 주도 힘내자!'라고 다음 스텝을 향한 자신감이 만들어지는 데 도움이 됩니다.

또한, 회고는 목표의 재확인과도 연결됩니다. 회고함으로써 행동 계획의 난도가 너무 높았는지 낮았는지, 딱 좋았는지를 다시금 확인할 수 있습니다. 자신의 계획이 어느 정도 달성되었는지를 확인해서 필요하다면 계획을 재조정할 수 있습니다. 이는 굉장히 중요한 작업입니다. 유연성을 가지고 계획을 변경함으로써 더욱 현실적으로 지속 가능한 목표를 향해 나아갈 수 있습니다.

첫 일주일간은 '나는 할 수 있어'라고 하는 자기효능감을 높이는 것이 최대 목적입니다. 일주일간을 돌아보면서 '7일 만에 이 정도까지 할 수 있게 되었다!'라고 하루하루 앞으로 나아갈 때보다도 더욱 자기효능감을 강하게 느낄 수 있게 됩니다. 또한, 목표를 재확인함으로써 처음에 꿈꾸었던 '반드시 이렇게 되고 싶다'라는 이미지를 생각해낼 수 있게 되어 그때까지의 과정도 강하게 의식할 수 있게 됩니다.

그렇기에 습관화를 시작할 때 가지고 있던 '이렇게 되고 싶다'라는 이미지를 계속 유지해주세요. 예를 들어, 체중이 75kg인 사람이 65kg이 되는 이미지를 그렸다고 합시다. 그런데 일주일간 힘내도 변화가 없어, 이대로라면 도무지 65kg이 될 것 같지 않다고 생각할 수 있습니다.

하지만 그럼에도 매일 1분이라도, 1번이라도 늘려나가고 있습니다. 그렇기에 이 초반 일주일 만에 이상적인 이미지(체중 65kg)를 바꾸는 것은 추천하지 않습니다. 3주 차에는 진행하고 있던 주별 계획은 적극적으로 바꾸는 것이 좋지만, 이미지 자체는 명확하게 계속 그려나가 주세요.

그렇다면 회고는 구체적으로 어떻게 하면 좋을까요? 크게 나눠서 다음의 4가지 단계로 진행해주세요.

1. 긍정적인 요소를 회고한다

먼저, 자신이 첫 일주일간 달성한 것이나 성공 체험에 초점을 맞춥니다. 이것은 긍정적인 감정을 강화하고 의욕을 유지하는 데 도움을 줍니다.

- 첫 일주일 동안 기뻤던 일은 무엇이었나요?
- 성취감을 느낀 순간은 있었나요? 어떤 기분이 들었나요?

2. 과제나 고난을 회고한다

다음으로, 첫 일주일간 직면한 과제나 고난을 회고해봅시다. 감정이나 행동의 배후에 있는 이유를 이해하기 위해서는 이 과정이 중요합니다.

| 구체적인 질문 |

- 직면한 과제나 고난은 무엇이었나요?
- 그것들에 어떻게 대처했나요?
- 고난을 통해 배운 것이 있나요?

3. 목표와의 일치성을 확인한다

달성된 성과나 경험을 자신의 장기적인 목표에 비춰보면서 현재의 진척 상황과의 일치성을 확인합니다. 목표가 적절했는지를 검토해서 필요하다면 수정합니다.

| 구체적인 질문 |

- 설정한 목표에 대해 시작한 시점을 기준으로, 이번 주에는 어느 정도로 진척 되었나요?
- 목표나 느슨한 계획이 실현 가능성이 있다고 생각하나요?
- 현재의 행동이 장기적인 목표와 일치하나요?

4. 다음 주를 위한 행동 계획을 짠다

회고의 마지막 단계로, 얻은 깨달음을 바탕으로 다음 주의 느슨한 계획을 수정하거나 추가하고 싶은 행동 계획을 세워 다음 주를 위한 준비를 합니다.

　예를 들어, 생각한 것보다 힘들었기에 조금 과제를 줄인다거나, 반대로 부족했다고 느낀다면 2주 차에는 과제를 조금 늘리거나 하는 등의 계획 수정을 합니다.

| 구체적인 질문 |

· 현재의 목표나 느슨한 계획을 수정할 필요가 있나요?
· 다음 주에 하고 싶은 행동 계획이 있나요?

2nd WEEK

지속

8~14일 차

－자기효능감을 유지한다

'습관화'는 첫 일주일이 가장 포기하기 쉽습니다.
그렇기에 1st WEEK에서는
'작은 습관'이어도 좋으니
어쨌든 '이어가는 것'을 목표로 했습니다.

하지만 언제까지고 '작은 습관' 상태라면,
목표의 습관화까지 너무나도 먼 길입니다.
반면, 과제를 늘리면 포기할 가능성도 커집니다.

그렇기에 2nd WEEK에서는
부하를 늘리면서 자기효능감을 유지하는
습관화 방법을 전하려고 합니다.

점차 과제를 늘려나간다
- '1일 20회', '1일 20분'

자, '3주 습관 전략'은 지금부터 2주 차에 들어갑니다.

1주 차에서는 작은 것부터 시작해서 성공 체험을 쌓음으로써 '나도 할 수 있다'라고 하는 자기효능감을 높였습니다. 새로운 습관에 조금씩 익숙해지고 있으니, 2주 차는 다음의 단계로 나아갑니다. 2nd WEEK에서는 새로운 행동에 대한 자기효능감을 유지하면서 의욕적으로 목표를 내걸고 도전합니다.

1주 차는 지속하는 것이 가장 중요한 기간이었지만, 2주 차는 부하를 조금씩 늘려 도전과 성장의 기회를 얻는 기간입니다.

1주 차에서 부하를 최대한 줄여 작은 것부터 시작한 것은 자기효능감을 높이기 위해서였습니다. 갑자기 높은 부하가 걸리면 '할 수 있을 리가 없어', '아 그만두자'라고 생각하며 작심삼일이 될 가능성이 크기 때문입니다. 인지과학에서는 인간은 성공 체험을 쌓으면 자기효능감이 높아져 행동을 지속하기 쉬워진다고 합니다.

다만, 인간의 뇌는 복잡합니다. 낮은 부하 상태로 지속되면 '이런 것은 누구나 할 수 있잖아'라고 질리게 됩니다. 익숙해지면 적당한 허들을 설정할 필요가 있습니다. 그렇기에 만약 복근 운동을 습관화해서 1주 1일 차에는 1번, 2일 차에는 2번, 3일 차에는 3번, 그렇게 하루에 1회씩 늘려나가 7일 차에는 7번을 할 수 있게 되어, 2주 차에는 15회나 20회부터 시작해도 좋을 것입니다.

이처럼 성장의 기회를 만들어서 몸에 부하를 걸어 정신적으로도 도전을 즐기게 합니다. 이를 통해 부하를 조금씩 늘려나가 자기효능감을 잃지 않고 의욕이 높은 상태를 유지하는 것이 가능합니다. 급격한 변화는 몸과 마음에 피로를 불러일으키기 쉽습니다. 단계적으로 변화해야 의욕도 유지됩니다.

또한, 작은 것부터 시작해서 2주 차에서 부하를 늘림으로써 몸이나 마음이 습관에 적응하기 쉬워집니다. 처음부터 급하게 부하를 주면 인간의 몸은 컴퍼트 존(안심한 상태나 행동의 범위)에서 나가는 것에 저항감을 가지게 됩니다.

인간은 본래 변화를 싫어하는 뇌 구조로 되어 있습니다. 인지과학의 과정에서 컴퍼트 존을 확대하는 것이 2주 차의 목표입니다. 1주 차에서 부하에 적응해 습관화의 토대를 다짐으로써 2주 차에 부하를 늘려나갈 수 있습니다. 컴퍼트 존을 서서히 늘려나가 몸도 마음도 새로운 환경에 적응할 수 있습니다.

'그렇게 생각대로 잘될 수 있을까?', '부하를 늘리면 내가 따라 갈 수 있을까?'라고 생각하는 분들도 있을 것입니다. 그러면 어떤 방식으로 부하를 조금씩 늘려나가야 할까요?

다음의 5가지 포인트에 주의하면서 무리하지 않고 늘려나가 봅시다.

1. 목표와 느슨한 계획을 구체화하고 실천한다

여러분은 1주 차가 끝난 후의 성과를 회고했습니다. 자신의 목표가 어느 정도 달성되었는지 확인하고, 그중에는 계획을 수정한 사람도 있을 것입니다. 2주 차에는 원칙상 1주 차의 회고에서 확인한 느슨한 계획대로 실행합니다.

예를 들어, 새롭게 습관으로 만들기 위한 목표가 '매일 복근 운동을 50번 한다'이고, 1주 차의 회고에서도 그 목표를 향해 그대로 진행하는 것으로 확인했다고 합시다. 그 경우, 2주 차의 마지막 날에는 복근을 50회 하는 것으로 계획을 세웁니다.

1주 차의 7일 차에 7회를 한 경우, 2주 차의 7일 동안 매일 횟수의 부하를 단계적으로 늘려 50회까지 끌어올립니다. WEEK 0의 단계에서 목표 달성을 향한 느슨한 계획을 짜기는 했지만, 1주 차의 경험을 바탕으로 다시 살펴봅시다. '복근 운동을 해본 적 없지만, 일주일 해보니 생각한 것보다 괜찮았다'라고 느낀 사람은 무리 없이 10회부터 시작해도 괜찮습니다.

부하를 늘릴 때는 극단적으로 늘리는 것은 피해야 합니다. 익숙하지 않은 부담은 몸과 마음을 불안정하게 만듭니다. 2주 차에는 매일 균등하게 늘리는 것이 아니라 8일 차나 9일 차 등 주 초에는 변화의 폭을 작게 하는 것이 좋을 것입니다. 계속 반복해서 이야기하지만, 인간에게는 변화에 저항하는 본능, 즉 안정적인 상태를 유지하려는 생체 항상성이 작용합니다. 그리고 그것은 여러분이 생각한 것보다 더 강력합니다.

인간의 저항하는 힘은 처음에는 매우 높지만, 점차 낮아집니다. 그렇기에 1주 차가 끝났을 때의 복근 운동의 횟수가 예를 들어 10회이고, 2주 차가 끝날 때는 50회를 목표로 하는 경우에는, 8일 차에는 15회, 9일 차에는 22회, 10일 차에는 30회, 11일 차에는 39회로, 변화 폭을 단계적으로 크게 하는 것이 지속할 가능성이 커집니다.

2. 루틴화한다

부하를 무리 없이 늘리기 위해서는 행동을 루틴화(일상화)하면 장벽이 낮아집니다. 예를 들어, 매일 같은 시간에 행동하는 것이 효과적입니다. 특정 시간에 특정 행동을 하는 것을 뇌에 새깁니다. 또한, 특정 루틴이나 환경과 연결 짓는 것도 효과적입니다.

예를 들어, 아침 식사 후나 자기 전에 하면 명확한 루틴을 확립할 수 있어 행동이 저절로 일상생활에 녹아들어갈 수 있습니다.

생활에 녹아들어가면 행동에 대한 허들이 낮아져 부하도 자연스럽게 늘릴 수 있게 됩니다. 여러분이 이미 습관화하고 있는 행동은 같은 시간에 하고 있거나 환경과 연관되어 있을 것입니다. 아침에 일어나서 자기 전까지의 행동 패턴은 사람마다 다르겠지만, 어느 정도 패턴화되어 같은 것을 반복하는 것만 봐도 알 수 있습니다.

예를 들어, 통근 루트는 대부분이 같을 것입니다. 집에서 나오는 시간, 전철에 타는 시간, 회사에 도착하는 시간, 처음에 하는 업무, 점심을 먹으러 가는 식당, 귀가하면서 들리는 편의점, 집에 도착해서 텔레비전을 보고 샤워를 하고 핸드폰을 보면서 자는 이 일련의 행동 패턴은 거의 의식하지 않고, 무의식화되어 진행되는 행동입니다.

루틴화함으로써 조금씩 습관이 되어 최종적으로는 아무것도 생각하지 않고도 저절로 할 수 있게 될 것입니다.

3. 진척 상황을 가시화한다

달성한 것을 기록해서 진척 상황을 가시화함으로써 무리 없이 부하를 늘려나갈 수 있습니다. 이는 자기효능감의 향상으로도 이어집니다. 예를 들어 8일 차에 15회, 9일 차에 25회, 10일 차에 35회 달성한 경우, 그것을 달력이나 수첩에 기록하는 것만으로도 자신이 어느 정도 앞으로 나아갔는지 실감할 수 있습니다.

1일 차에 1회부터 시작해서 50회의 목표가 멀게 느껴졌을지도 모릅니다. 하지만 매일 기록을 쌓아나감으로써 길이 보이기 시작합니다. 도착하면 실감이 나면서 자기효능감이 높아져 의욕도 유지하기 쉬워집니다.

기록하는 것뿐만 아니라 행동에 대해서 자신을 칭찬해주는 것도 효과적입니다. 자신에게 작은 상을 주는 것입니다. 예를 들어, 복근 운동을 예정대로 15회 했다면, '잘했어! 해냈어!'라는 말을 자신에게 들려주는 것만으로도 긍정적인 감정과 이어져 의욕이 높아집니다. 행동을 달성한 때에 체크한다는 작은 포인트가 행동을 긍정적인 체험으로 연결시킵니다. 긍정적인 감정과 행동이 합쳐지면 뇌는 그 행동에 주목하기에 행동의 지속에도 효과적입니다.

4. 휴식과 회복 기간을 확보한다

부하를 늘리는 것은 중요하지만, 적절한 휴식과 회복 기간 역시 중요합니다. 무리한 부하 증가는 피로를 불러일으켜 오히려 습관 만들기를 방해합니다.

5. 자기 조정과 유연성을 확보한다

진행 중에 느낀 변화나 과제에 대해서 유연한 대책을 마련할 수 있도록 계획을 짜야 합니다. 예를 들어, 2주 차의 처음에 그 주가 끝날 때까지 50회 달성하는 것을 목표로 했다고 해도 아무리 노력해도 무리라고 느낀다면 40회로 변경해도 됩니다. '반드시 50회를 해야 한다'라고 정해버리면, 주 중반부에 '아무리 노력해도 할 수 없을 것 같다'라고 느껴 포기하게 되기 쉽습니다.

가장 피하지 않으면 안 되는 것은 습관화에 대한 행동을 그만두는 것입니다. 그리고 해야 하는 것은 계속 이어가는 것입니다. 지금까지 복근 운동을 하는 습관이 없었던 사람이 3주 동안 이어감으로써 30회든, 40회든 할 수 있게 되었다면 그것은 큰 첫걸음이 됩니다. 극단적으로 말해서, 10회든 20회든 상관없습니다.

제로부터 시작한 사람이 지속함으로써 일정한 횟수를 할 수 있게 되는 방법을 몸에 익혔다면, 그다음은 50회도 문제가 되지 않습니다. 자신에게 맞게 단계를 조정함으로써 습관 만들기는 성공 확률이 높아지게 됩니다.

주의해야 할 포인트

그러면 지금까지의 포인트를 정리해봅시다.

부하를 늘릴 때 주의해야 할 것은 어디까지나 자신의 페이스에 맞춰서 무리 없이 계속해나갈 수 있도록 조정하는 것입니다. 사람마다 체력이나 상황 등이 다를 것입니다. 급격한 변화는 포기하는 원인이 됩니다. 무리하게 부하를 늘리는 것은 피로를 불러일으켜 오히려 습관 만들기에 마이너스가 됩니다. 또한, 도중에 예기치 못한 사태가 발생한 경우에는 유연하게 계획을 조정하는 것도 중요합니다.

예를 들어, 하다가 몸이 아프거나 아이가 아파 간병해야 해서 여유가 없거나 술병이 나서 귀찮아질 경우가 생길지도 모릅니다. 이러한 사태가 일어났을 때는 계획에 집착하지 말고 임기응변으로 대응함으로써 지속 가능하도록 할 수 있습니다.

부하를 늘림으로써 예상외의 영향이 생길 가능성도 있습니다. 효과를 정기적으로 측정해서 필요하다면 계획을 수정합니다. 최종 목표가 복근 운동 50회인 경우, 2주 차 목표는 50회가 되지만, 부하를 늘린 결과, '아, 너무 힘들다'라고 느껴진다면 40회로 줄이는 것이 좋습니다. 부하를 너무 늘려서 그만두게 된다면 아무런 의미가 없습니다. 하지만 계획은 변경해도 습관화를 위해 이미지화한 이상적인 모습은 계속 가지고 가야 합니다.

예를 들어, '웨이트 트레이닝을 해서 복근을 식스팩으로 만든 다'라고 하는 동기가 있다면 그 동기를 그대로 가지고 계세요. '횟 수를 내리면 불가능할지도 몰라'라는 생각은 하지 말고, 그 습관 화를 계속 이어간다면 언젠가는 그런 모습이 될지도 모른다는 의 욕을 계속 가지고 있어 주세요.

어떤 일이 있어도 자기효능감을 유지한다

2주 차에는 1주 차 때보다 난도가 단번에 올라갑니다. 예를 들 어, 복근 운동의 경우라면 1주 차에는 1회에서 시작해서 하루에 1회씩 늘려나가면 되었는데, 2주 차의 마지막에는 최종적인 목 표 횟수까지 도달해야 할 필요성이 있습니다.

그렇기에 몸과 마음에 큰 부담이 생깁니다. 이런 상황을 잘 극복하기 위해서는 자기효능감을 높이 유지할 필요가 있습니 다. '나라면 할 수 있다'라고 생각하는 인지 상태라면, 새로운 도 전에도 적응할 수 있습니다. 자기 능력에 대한 확신이 있다면 객관적으로 허들이 높은 과제에도 긍정적인 태도를 유지할 수 있습니다.

2주 차가 되면 처음 1주 차를 극복했다는 성공 체험이 자기효능감을 강화시킵니다. 작은 단계를 밟아나감으로써 자기효능감은 높아진 상태이기에 뇌에도 습관화를 위한 행동에 지속적인 연관성이 생깁니다. 그렇기에 자기효능감이 사라지지 않도록 단계적으로 부하를 늘려나가면서 새로운 도전에도 긍정적인 의욕을 가지고 임하는 과정이 중요합니다.

2주 차에 만약 자기효능감이 낮아진다면 도중에 포기하게 될 가능성이 커집니다. 허들이 단번에 높아지기에 자기효능감 유지에 주의를 기울여야 합니다. 제가 유연하게 대응해야 한다고 계속 강조하는 것도 모든 것이 자기효능감 유지를 위해서입니다. 2주 차에 역경에도 맞서서 습관화 형성을 계속해나갈 수 있느냐, 없느냐는 자기효능감에 달려 있습니다.

'도전적이면서 실현 가능한' 목표로 한다
– 뇌의 의욕이 가장 높아진다

왜, '도전적이면서 실현 가능한' 목표가 필요할까?

이 책을 손에 쥔 여러분은 도전에 의욕적일 것입니다. 습관화 자체가 지금까지 한 적 없는 행동을 일상생활에 집어넣는 도전이기 때문입니다. 그리고 그것은 인간의 특성상 어렵다는 것을 지금껏 읽어온 분들은 이해하실 것입니다.

여러분은 지금 대단히 큰 도전에 임하고 있습니다.

그렇기에 만약 도전에 의욕적인 여러분이라면 1주 차의 부하가 부족하다고 느끼셨을지도 모릅니다. 자기효능감을 높이려는 목적이 있다고 해도 '1일 1회씩 늘리는 페이스로는 50회까지는 도달하지 못할 것 같은데…'라고 불안을 느끼는 분도 있을 것입니다. 부하를 늘리고 싶어서 몸이 근질근질하시는 분도 있을 것입니다.

2주 차는 도전 기간이지만, 주의해야 할 것은 '너무 도전적인 계획을 세우지 않는다'라는 것입니다. 도전적이긴 하지만, 도달할 수 있을 것 같다는 마음을 품을 수 있는 정도의 계획을 목표로 합시다.

'뭔가 애매한데? 마음껏 도전하는 것은 안 되나?'라고 생각할지도 모릅니다. 하지만 어디까지나 '조금만 도전하는 정도'가 좋습니다. 대부분은 하는 도중에 '이건 못할 것 같은데…', '현실적으로 불가능해'라고 생각하게 되면 자기효능감이 떨어지기 때문입니다.

목표는 뇌에 매력적으로 작용하고, 의욕과 보람을 느끼게 하는 균형이 중요합니다. 도전적인 목표는 두근거림이나 설렘을 만들어내면서, 동시에 실현 가능성이 있다는 점이 성취감을 높입니다. 이 균형이 뇌의 의지를 최대한으로 끌어올려 의욕을 계속 유지할 수 있게 도와줍니다.

이것은 목표를 달성하면 뇌에서 도파민 등의 쾌락 물질이 분비되는 것과 관계가 있습니다. 도전적인 계획에 집중해 목표를 달성함으로써 도파민에 의해 쾌락이 기대되어 의욕은 더 높아집니다. 현실 가능성이 있는 목표라면 도파민의 보상을 손에 넣을 가능성이 커져 의욕도 높은 상태로 유지됩니다.

또한, 도전적으로 실현할 수 있을 것 같은 목표는 긍정적인 순환을 낳습니다. 목표가 도전적이기만 한다면 포기하기 쉬워지지만, 실현 가능한 목표를 설정해 달성함으로써 자기효능감이 높아집니다. '재미있을 것 같고, 할 수 있을 것 같아'라는 마음으로 해나간다면 실제로도 할 수 있게 되고, 다음의 도전을 향한 자신감과 의욕이 생깁니다. 이 사이클을 반복하면, 긍정적인 루프가 만들어져 자기효능감이 더욱 견고해집니다.

현실 가능성이 있는 목표라면 도전을 통해 성장을 실감하기 쉽고 의욕이 계속 유지될 수 있습니다. 계속적인 달성 체험이 계획을 실행하는 기쁨과 흥분을 유지해 의욕의 저하를 막습니다. 누구나 할 수 있게 되면 즐겁고, '더 해볼까?'라는 마음이 들게 됩니다. 목표를 향해서 나아가는 과정이 더욱 즐겁게 느껴져 습관화를 향해 크게 전진합니다.

도전적이고 실현할 수 있을 것 같은 계획은 의지를 불러일으켜 성과를 쌓아나감으로써 긍정적인 사이클을 구축합니다. 이것이 뇌의 쾌락 물질의 분비나 자기효능감의 향상으로 이어지고, 자기효능감의 향상으로 연결되어 습관화를 도와줍니다.

어떤 방법으로 '도전적이고 실현할 수 있을 것 같은' 목표를 설정할까?

습관화를 위한 목표 설정은 부하를 매일 조금씩 조금씩 늘리는 평범한 방법으로 진행합니다. 이 책의 1st WEEK에서 이야기한 것처럼, 작은 스텝으로 나눠서 해나가는 방식입니다.

예를 들어, 복근 운동이라면 1일 차에는 1회, 2일 차에는 2회, 3일 차에는 3회…, 하루에 1회씩 늘리며 마지막까지 한결같이 쌓아나가는 것입니다. 하지만 이 방법은 끈기가 필요합니다. 50회 복근 운동을 하기 위해서는 50일이 필요합니다. 습관화의 노하우를 전하는 사람 중에는 이러한 방법을 추천하는 사람도 있습니다. 아마도 여러분 중에서도 이런 작게 쪼개나가며 이어가는 방법을 시험해본 사람도 있을 것입니다.

하지만 계속 이어가는 것이 어렵지 않으셨나요(그렇기에 이 책을 손에 쥐셨을 것입니다)? 귀찮아져서 계속 이어가지 않은 사람이 대부분일 것입니다.

이 책에서는 앞에서 이야기한 것처럼 3주간이라는 짧은 기간에 습관화하기 위해 2주 차에 부하를 단번에 확 올립니다. 어려울지도 모르겠지만, 이것을 뛰어넘게 되면 습관화가 크게 가까워집니다.

3주 동안 습관화가 고정되면, 그 습관은 평생 이어집니다. 무의식중에 생활에 포함되어, 그것을 계속해나감으로써 자신이 되고 싶은 이상적인 모습이 습관의 연장선상에 보일 것입니다.

그러면 2주 차의 최대 과제인 '도전적이면서 실현 가능할 것 같은' 목표를 어떻게 설정하면 좋을지 살펴봅시다. '도전적이면서 실현이 불가능하다고 생각되지 않는 목표라고 해도, 그것이 무슨 말인지 알 수 없다'라고 생각하는 사람도 많을 것입니다.

목표나 계획이 너무 크면 포기할 가능성이 커지지만, 너무 작으면 성취감을 얻지 못하고 의욕이 지속되지 않습니다. 적절한 난이도를 파악해내는 것이 가장 중요하다는 것을 머리로는 알고 있지만, '어떻게 해야 하는지 모르겠다'라는 것이 본심일 것입니다.

결론부터 말하자면, '어려울 것 같지만 노력하면 될 것 같다' 정도의 목표를 찾아보세요. 예를 들어, '매일 복근 운동을 50회 하겠다'를 3주 동안 몸에 배게 하는 새로운 습관을 설정합니다. 처음 1주 차는 15회를 한다고 합시다. 8일 차부터는 지금까지의 페이스보다 부하를 걸어 2주 차의 마지막에는 50회를 할 수 있도록 느슨한 계획을 세웁니다.

이때, 과한 의욕으로 8일 차에 갑자기 30회나 40회로 늘리지 않는 것이 포인트입니다. 대부분은 15회부터 2배 이상으로 올리게 되면 '좀 어려운데…'라고 느낄 것입니다. 무리하지 말고 해나갑시다.

8일 차에 20회, 9일 차에 27회, 10일 차에 36회, 11일 차에 47회와 같이, 주 초의 부하가 적게 계획을 세웁니다. 실제로 해보면서 주의 끝 무렵에 50회라는 원래의 목표는 부하가 너무 커서 실현이 어려운 경우에는 계획한 횟수를 줄여나가도 괜찮습니다.

이런 것을 모두 파악하면서 계획을 세웁시다. 여기에서 계획 만들기는 기본적으로는 '서서히 부하를 늘려나간다'의 구체적인 방법과 같습니다. 처음에는 15회부터 시작해서 2주 차의 끝 무렵에 본래의 목표이기도 한 50회를 달성할 수 있도록 완만하게 늘려갑니다.

주의해야 할 포인트

그러면 지금까지의 포인트를 정리해봅시다. 목표를 설정할 때는 다음의 3가지에 주의해주세요.

1. 구체적이고 명확한 목표를 설정한다

목표는 막연하지 않고 구체적이고 명확한 것으로 세웁니다. 이것에 의해 뇌의 'GPS 기능'이 움직여 어느 방향으로 나아가야 할지가 명확하게 되어 계획의 방침이 확고해집니다.

2. 현실적인 난이도인지 체크한다

목표의 난이도는 도전적이면서 현실적일 필요가 있습니다. 자기 능력이나 제약을 고려해서 목표를 설정해주세요. 물론 자기 능력을 적확하게 파악하는 것은 간단하지 않기에 느낌으로 판단해도 괜찮습니다. 실현이 어려울 것 같거나 혹은 너무 간단할 것 같은 경우 수정합시다.

3. 유연성을 가지고 조정할 준비를 한다

예상치 못한 일에 대비해서 유연성 있는 목표와 계획을 세웁니다. 필요에 따라 조정이 가능한 계획이라면 도전적인 목표에도 임기응변할 수 있습니다.

이런 포인트들을 고려해서 도전적이고 실현할 수 있을 것 같은 목표를 설정합니다. 목표의 구체성과 현실적인 난이도의 밸런스가 성공의 열쇠가 됩니다.

부하를 늘리면서도 '자기효능감'을 떨어뜨리지 않는 습관화 방법

01 게으름 피웠을 때의 '특별 룰'을 만든다

습관화 과정에서 계획한 대로 할 수 없게 되는 것은 곧잘 있는 일입니다. 예를 들어, 영어를 매일 30분 공부하겠다고 결심해도 직장에서 문제가 생겨 집에 돌아오지 못했거나, 복근 운동을 30회 하겠다고 계획해도 숙취로 온종일 피곤함이 풀리지 않거나 하는 등 습관화를 위한 행동을 방해하는 사건들이 일어납니다.

'무슨 일이 있어도 한번 정한 것이니까 완벽하게 실행하지 않으면 안 된다'라고 생각하게 되면 불규칙한 사건이 일어날 때, 우왕좌왕하게 됩니다. 습관화하고 싶은 행동을 하지 못해 자기효능감이 저하되고 '아, 아무래도 나는 안 되겠어'라고 포기하게 될 가능성도 커집니다.

그러한 악순환을 피하고자 특별한 룰을 만들어둠으로써 일시적인 변화나 장해에 대해 유연하게 대응할 수 있습니다. 계획대로 할 수 없었다고 해도 의욕을 떨어뜨리지 않고 이어갈 가능성이 생깁니다.

잔업이나 회식 등의 불규칙한 일이 없어도 게으름을 피우게 되는 경우도 있을 것입니다. 습관화를 위해 이행하는 행동들은 지금까지 여러분이 해본 적 없는 행동입니다. 익숙하지 않은 행동을 이어나가는 것 자체가 간단한 일이 아닙니다.

여러분의 의지나 정신력의 문제가 아니라, 뇌의 구조가 변화를 거부하기 때문입니다. 그렇기에 행동의 전제를 '완벽하게 해내겠다', '절대 해내겠다'가 아니라, '게으름 피우게 될 수도 있다'라고 생각해둡시다.

빼먹을 가능성을 전제로 두고 임하는 것이 좋습니다. 빼먹어도 할 수 없다고 인식하면 '아, 빼먹어버렸네. 나는 안 되겠다'라고 자포자기에 빠지지 않을 수 있습니다. 의욕이 크게 저하되는 일도 없습니다.

빼먹게 된 경우의 특별 룰을 정해둡니다. 룰을 만듦으로써 빼먹게 되는 것을 부정적으로 해석하지 않고, 반대로 대처법을 가지고 있다고 생각하게 됩니다. 패턴의 예외를 만듦으로써 역으로 패턴을 지키는 것으로 이어집니다.

자기효능감은 고난에 대처하는 자신감이 있으면 강해집니다. 특별 룰을 만듦으로써 만에 하나 빼먹게 되어도 대처할 수 있다는 자신감이 생겨나 자기효능감이 깎이지 않을 수 있게 됩니다.

인간은 자신이 정한 것을 지킬 수 없게 되면, 자기혐오나 무력감을 느낍니다. 빼먹기 좋은 상황에 빠졌을 때, 특별한 룰이 있다면 그러한 부정적인 감정을 줄이고 의지를 유지할 수 있게 됩니다.

특별한 룰이 없는 경우, 고작 하루 행동할 수 없다는 것으로 습관화에 임하는 자세에도 영향을 끼쳐 의욕이 저하될 가능성이 있습니다. 습관화 과정에서 가장 피해야 하는 것은 빼먹게 되는 그 자체가 아니라, 습관화를 향한 행동을 멈추는 것입니다. 특히 완벽주의인 사람은 완벽하게 되지 않으면 '하지 않은 거랑 같아'라고 생각하기 쉽기에 '특별 룰'이 더욱 필요합니다.

특별 룰은 어떻게 만들까?

빼먹게 되었을 경우, '특별 룰'은 다음의 단계로 만드는 것이 가능합니다.

1. 구체적인 상황을 검토한다

빼먹게 될 가능성이 큰 구체적인 상황이나 이유를 조사해봅니다. 업무상 트러블이나 잔업 등 급한 예정의 변경 등이 아니라 외부 환경이나 개인의 심리적인 요인도 고려합니다.

예를 들어, 조깅을 하는 사람이라면 비나 눈은 빼먹을 큰 요인이 될 것입니다. 날씨도 나쁘지 않고 불규칙한 사건이 없어도 피로나 의욕이 생기지 않거나 기분이 저하되거나 하는 것도 그 요인일 것입니다.

가능한 한 특별 룰을 적용하는 케이스를 상정해주세요. 상정해두면, 빼먹게 되었을 경우에 고민할 필요도 없고 자기효능감이 떨어지는 것도 방지할 수 있습니다.

2. 대처법을 고안한다

빼먹게 되는 구체적인 상황을 살펴봤다면, 각각의 상황이나 이유에 대한 대처법을 생각합니다. 예를 들어, 바쁜 날이나 기분이 내키지 않는 날은 습관화에 대해 예정된 시간이나 횟수를 줄이는 방안도 괜찮을 것입니다. 영어를 매일 30분 공부하는 계획을 세운 사람이라면 '잔업이 이어져서 피곤한 경우에는 5분만 공부하면 된다'라는 특별 룰을 정해도 좋을 것입니다.

애초에 할 마음이 생기지 않는 것이기에 '특별한 날에는 아무것도 하지 않는다'라는 대처법도 괜찮을 것입니다. '적은 횟수나 시간이라도 할 수 없을 것 같을 때는 그냥 아예 땡땡이치자' 하는 것도 특별 룰의 한 가지 선택지로 넣어보면 어떨까요.

오늘 땡땡이친 분량을 다음 날로 대체하는 방법도 있습니다.

예를 들어, 오늘 영어를 30분 공부할 수 없었다면 내일 2배 공부한다는 것입니다. 또한, 평일이 바쁜 경우에는 주말에 대체하는 시간을 확보해두는 것도 방법입니다. 매주 토요일 저녁 8시부터 1시간은 대체용으로 시간을 비워둔다면 땡땡이친 자신에 대한 혐오감도 느끼지 않고 해낼 수 있습니다.

크게 나눠 3가지의 대책을 전해드렸는데, 자기효능감을 유지하기 위해서는 마지막에 소개한 '오늘 못한 분량을 내일 이후에 대체한다'라는 방법이 가장 베스트입니다. 그것이 어려운 경우에는 예정했던 것보다 그날만 시간이나 횟수를 줄여서 하는 것도 좋을 것입니다.

예정 분량을 전혀 소화하지 않고 아예 땡땡이치는 것은 어디까지나 최후의 수단이라고 생각해야 할 것입니다. 아무것도 하지 않는 것보다는 적은 양이나 시간이라도 하는 편이 좋다는 생각으로 대응합시다.

다만, 주의가 필요합니다. 예를 들어, 영어 공부를 하는 30분을 다음 날로 대체해서 공부하려는 경우, 다음 날 분량과 합치면 1시간 공부하게 되는데, 이는 시간을 낼 수 있다면 가능할지도 모릅니다. 하지만, 운동 습관의 경우 부하가 과중될 수가 있습니다. 복근 운동을 40회 해야 하는데, 할 수 없어서 다음 날로 넘기게 되면 다음 날에 빼먹은 것과 그날의 할당량을 전부 다해야 하는 것이 됩니다.

다음 날은 50회 계획했다면, 총합계가 90회가 되어 부하가 굉장히 커집니다. 90회를 해냄으로써 그다음 날 이후의 습관화에 대한 행동이 힘들어지게 된다면 의미가 없습니다. 땡땡이치게 되었을 때의 대책은 만들고 싶은 습관의 내용이나 컨디션 등을 살피면서 유연성을 가지고 해야 할 것입니다.

3. 룰을 설정한다

대처법을 생각했다면, 빼먹었을 때의 구체적인 룰에 적용할 수 있습니다. 룰은 가능한 한 구체적이고 알기 쉽게, 실행 가능한 내용으로 합니다. 예를 들어, 영어 공부의 경우 '피곤한 경우 참고서를 1페이지만 읽어도 된다', '밤 10시 이후에 집에 돌아오게 된 경우에는 귀갓길에 리스닝하는 것만으로도 괜찮다' 정도의 룰로 합니다.

물론, 실제로 실행해보면 예상외의 사건도 일어날 것입니다. 회사 일이 상상 이상으로 바빠지거나 밤 10시 이후에 집에 오게 되면 전철 안에서 리스닝하는 것도 불가능할 정도로 피곤한 경우도 있을 것입니다.

즉, 예상하지 못한 사건이 일어난 경우는 새로운 특별 룰을 만들어둡시다. '밤 10시 이후에 집에 돌아올 때는 그냥 아예 빼먹자!'라고 변경해도 괜찮습니다.

한번 정한 특별 룰이 크게 소용이 없었을 경우에는 좀 더 자신에게 맞는 룰로 바꿔봅시다, 특별 룰은 자신을 응석 부리게 하기 위한 것이 아니라 계획에 유연성을 가지게 하기 위한 것으로써, 상황에 맞춰서 설정하거나 변경하거나 합니다.

02 '매일 꼭 하지 않아도 된다'를 룰로 정한다
– 주 4일 이상 습관화가 적합한 빈도

매일 하지 않아도 된다고 정한다

습관화에 실패하는 사람의 대부분은 빈틈이 없는 계획을 만들어서 매일 그것을 완벽하게 달성하려고 생각하기 때문입니다. 하지만 생각해보세요. 매일 제대로 하려고 하니까 허들이 높아진 것이 아닐까요? 그렇기에 지속하기가 어려웠던 게 아닐까요?

매일, 완벽하게 한다는 것은 현실적으로 불가능합니다. 물론 이 세상은 넓기에 일본 전역을 찾아보면 그런 사람이 있을지도 모릅니다. 하지만 습관화를 몸에 익힌 일류 운동선수조차도 땡땡이치는 날이 있습니다.

습관화를 지금부터 몸에 익히려고 하는 여러분이 갑자기 습관화 과정에서 완벽을 목표로 해서는 안 됩니다. 완벽주의적인 기대를 하게 되면 한 번의 실패로 전체에 대한 의욕이 낮아질 수 있기 때문입니다. 완벽주의는 습관 형성에 전혀 도움이 되지 않습니다.

매일 이어가는 것이 어려운 경우라도 하지 못한 날도 있을 수 있다는 것을 받아들이고, 현실적인 목표를 정함으로써 좌절감을 줄일 수 있습니다. 유연한 목표 설정에 상정하지 못한 사건이 생기는 경우에도 습관화의 목표를 포기하지 않고 조정 가능합니다.

매일 달성하겠다는 것에 사로잡히면 계속 부담을 느끼게 되거나 스트레스가 생깁니다. 반면, 주나 월 단위로 목표를 설정해서 그중에 적정한 휴식이나 조정 시간을 넣으면 계속 유지할 수 있습니다.

매일 할 수 없어도 괜찮다고 하는 유연한 룰에 성취감이나 자기효능감을 유지하기 쉬워집니다. 유연한 룰이 있다면, 상정하지 않은 사건이 생기는 경우라도 습관 형성의 목표를 포기하지 않고 지속할 수 있습니다.

그렇기에 엄격한 스케줄이 아니라 자신에게 맞는 '느슨한' 페이스로 진행하는 것이 습관화를 지속 가능하게 합니다.

'매일 반드시 꼭 하지 않아도 된다'라는 룰을 적용함으로써 지속 가능한 습관이 형성되어 자기효능감이 높아집니다. 즐기면서 계속하는 것으로 습관이 생활의 일부가 되어갑니다.

습관은 주 4일만 해도 정착된다

습관화를 위한 행동을 3주간 매일 하는 것이 베스트입니다. 하지만 현실적으로 그것이 불가능한 날도 있기 마련입니다. 바빠서 할 수 없었거나 하기 싫고 귀찮은 날도 있을 수 있습니다. 그래도 괜찮습니다. 물론 일주일 동안, 매일 빼먹게 된다면 습관은 몸에 배게 하기 어렵습니다. 하지만 매일 무리하게 하지 않아도 됩니다.

사실 어떤 습관이 몸에 배게 할 때는 '주 4회 이상 하면 습관화되기 쉽다'라는 것이 연구를 통해서도 밝혀졌습니다. 습관의 빈도에 관한 흥미로운 연구를 캐나다의 빅토리아대학교에서 실시했습니다. 이 연구에서는 헬스장에 막 입회한 남녀 111명을 12주에 걸쳐 조사했습니다. 헬스장을 다니며 계속 이어간 사람과 계속 이어나가지 못한 사람이 무엇이 다른지 관찰했습니다.

그 결과, 헬스장에 가는 습관화에 가장 관계가 있던 것은 빈도였습니다. 일주일간 헬스장에 가는 횟수가 많을수록 12주 후에 헬스장 다니는 것을 계속할 확률이 높았던 것입니다. 특히, 주 4회 이상 다닌 사람은 3회까지 다닌 사람에 비해 헬스장 다니는 것을 습관화할 확률이 굉장히 높았습니다.

헬스장에 다니는 경우 주 2회, 주 3회 빈도로 시작한 사람도 많지만, 그렇게 되면 오히려 좌절하기 쉽습니다. 1회의 부하를 줄이면서 주 4회 이상 다니는 사람이 계속 다니기 쉬워집니다.

이것은 공부에서도 마찬가지입니다. 하루에 몰아서 공부하는 것보다 매일 5~10분 주 4일 이상 조금씩 공부하는 편이 지속할 수 있습니다. 뇌는 본능적으로 같은 행동을 반복하지만, 빈도가 늘면 심리적인 저항을 느끼지 않게 됩니다. 종종 하게 되니까 귀찮은 마음이 생기는 것입니다. 일주일의 절반 이상을 헬스장을 다님으로써 그것이 기본 행동으로 정착되는 것입니다. 사람은 즐거워서 하는 것이 아니라 하니까 즐거워지는 것입니다.

그렇기에 습관화를 위한 행동을 2주, 3일까지 줄인다면 문제지만, 매일 완벽하게 행하지 않더라도 문제는 없습니다. 하루나 이틀 땡땡이쳐도 습관 형성에 큰 영향을 끼치지 않는다고 생각해주세요. 땡땡이쳤다고 해도 '주 4일 이상 하면 괜찮아' 정도로 가볍게 생각하면 좋을 것 같습니다. '매일 하지 않아도 주 4일 이상으로 OK!'라고 가볍게 생각합시다.

1주 차와 2주 차에서는 습관화를 위한 과정의 역할이 크게 바꿉니다. 1주 차에서는 매일 이어가는 것에 중점을 두고 자기효능감을 높였습니다. 2주 차에서는 높아진 자기효능감을 유지하는 기간이기에 부하가 높아질 타이밍입니다. 허들도 높아져서 임할 때 심리적인 저항감도 생기기 쉽기에 '주 4회 이상 할 수 있다면 OK'라고 룰을 명확하게 해둡시다.

그뿐만 아니라 3주 차에서도 마찬가지로 '주 4회 할 수 있다면 OK'의 룰을 적용해주세요. 최종 목표가 복근 운동 50회라면 매일 50회 하는 것은 간단하지 않습니다. 부하가 큰 상태로 습관을 정착하려고 하면 매일 할 수 없는 날도 당연히 생깁니다. '난 역시 안 돼'라고 자책하는 사고를 하지 않는 구조를 만드는 것이 중요합니다.

03 스스로를 칭찬한다

스스로 자신을 칭찬하는 것은 습관화에서 의외로 중요한 프로세스입니다. '스스로 자신을 칭찬하라니, 쑥스러워'라고 생각할지도 모르지만, 습관화를 위한 행동을 한 직후에 자신을 칭찬함으로써 습관화 정착이 더 빨라집니다.

'자신을 칭찬한다'라는 것을 어렵게 생각할 필요가 없습니다.

'해냈어!', '대단해'라고 자신이 긍정적으로 될 수 있도록 말을 걸어주면 됩니다.

여러분도 자기 행동을 타인이 칭찬해주면, 기분이 좋아질 것입니다. '다시 한번 해볼까', '다음에는 더 힘내야지'라고 의욕이 올라갈 것입니다. 다른 사람에게 칭찬받아서 기뻐지거나 즐거워졌다고 생각하기 쉽지만, 자신이 자기 행동이나 노력을 칭찬해도 긍정적인 감정이나 성취감이 생깁니다. 뇌는 똑같이 반응합니다.

다른 사람에게 칭찬받으면 뇌는 그것을 보상이라고 느껴 그 행동을 반복하려고 합니다. 자신이 스스로 칭찬해도 뇌의 보상 시스템은 작용합니다. 행동한 후에 스스로 칭찬하면 뇌가 행동의 흐름을 인식해 그 행동에 주목합니다. 타이밍 좋게 칭찬함으로써 뇌를 스스로 조종하는(조작하는) 셈입니다. 스스로를 칭찬하는 것은 자기 능력이나 가치에 대한 자신감을 높입니다. 자기효능감을 강화하고 포기하지 않게 됩니다.

다음 목표를 향한 긍정적인 에너지도 생깁니다. 성공이 쌓여 좋은 순환이 형성됩니다. '해냈다 → 칭찬한다'를 반복하면 자기 행동이나 노력이 인식되어 의욕을 유지하는 것으로 연결됩니다.

어떤 식으로 칭찬해야 할까?

자신을 '칭찬하는' 것은 쑥스러울 수 있지만, 방법은 간단합니다.

1. 습관화하려는 행동을 한다.
2. 습관화하려는 행동 후에 바로 자신을 칭찬한다.

행동했으면 바로 칭찬하고, 즉석에서 칭찬할 수 있었는지, 없었는지는 습관이 형성되는 속도가 결정되는 중요한 요소입니다. 행동했다면 틈을 두지 말고 바로 자신을 칭찬합시다.

또 한 가지 중요한 포인트는 자신을 칭찬할 때는 감정을 '강하게' 담는 것입니다. 행동했다면 바로 칭찬하고, 칭찬하고 있는 것을 강하게 느껴보세요.

예를 들어, 복근 운동을 하는 것이 습관이고, 목표로 한 횟수를 달성했다면 '승리 포즈'를 하고 '해냈다!', '대단해!'와 같은 말을 자신에게 해주며 칭찬해주세요. 승리 포즈나 자신에게 하는 말은 긍정적인 감정을 더욱 강하게 느끼게 하는 데 효과적입니다.

물론, 이것은 어디까지나 한 가지 예입니다. 반드시 같은 제스처나 말을 할 필요는 없습니다. '혼자서 승리 포즈를 하는 것은 조금 부끄러운데…'라고 생각하는 사람도 있을 것입니다.

　그렇기에 앞에서 이야기한 것처럼 진척 상황을 매일 기록해서 '목표를 이루었다면 체크한다', '스티커를 달력에 붙인다' 정도로도 괜찮습니다. 자신이 몰래 빙긋 웃는 정도나 마음속으로 살짝 칭찬의 말을 중얼거리는 정도여도 효과가 있습니다. 중요한 것은 '해냈다!', '힘냈다!'라고 하는 감정을 느끼는 것입니다. 무리하지 않는 범위에서 자신에게 효과적인 방법을 발견해주세요.

`04` '해냈다'라고 말하는 긍정 확언

　습관화의 초기 1주 차에서 포기하지 않으려는 수단으로써 '나는 확실하게 앞으로 나아가고 있다!'라고 긍정 확언을 했습니다. 2주 차는 부하를 올리는 기간입니다. 긍정 확언의 중요도도 높아집니다. '할 수 있다'라고 긍정 확언을 외칩니다.

　새로운 습관을 몸에 익히려는 경우에는 긴장이나 스트레스가 발생합니다. 특히 2주 차는 부하가 단번에 늘기에 '가능할까…' 라는 생각에 불안해지기 쉽습니다. 하지만 어려운 상황에 직면해서 '못할 것 같아'라고 생각해버리는 순간, 하지 못하게 됩니다.

　미국의 프로 스포츠 세계에서는 선수도, 코치도 부정적인 코멘트를 절대 말하지 않는다는 룰을 철저하게 지키고 있는 팀이 있습니다. '안 되겠다', '컨디션이 안 좋아'라고 하는 직접적인 단어는 물론이고, 비꼬는 내용이나 간접적으로 무언가, 누군가를 부정하는 말이나 상대에게 위압적인 태도를 보이는 것도 일절 금지라고 합니다.

부정적인 공기를 완전하게 차단해서 '우리는 할 수 있다!', '기록을 경신할 수 있다!'라고 하는 단체 자기효능감을 높임으로써 팀 전체의 행동력을 높이는 것입니다. 긍정 확언은 2주 차에 늘기 쉬운 부정적인 정보나 긴장, 스트레스를 가볍게 하는 작용을 합니다. 자신을 향해서 '해냈다!'라고 들려줌으로써 도전적인 일에 대한 불안을 줄일 수 있습니다.

2주 차가 되면 긍정 확언 효과도 조금씩 느끼게 될 수 있을지도 모릅니다. 왜냐하면 긍정 확언은 반복하면 반복할수록 뇌의 사고를 바꾸기 때문입니다.

이것은 긍정 확언이 기억과 관계가 있기 때문입니다. 특히 장기기억입니다. 장기기억은 생각해내는 데 시간이 걸려서 계기가 필요하기도 하지만, 지우는 것도 불가능한 기억입니다.

반대로 단기기억이라는 것도 있습니다. 단기기억은 새로운 정보를 일시적으로 기억하는 것입니다. 일시적으로 기억한 것을 장기기억에 넣을지, 말지를 한 달 정도의 기간에 뇌의 해마가 판단합니다.

일상적인 사건이나 공부해서 외운 정보는 해마 안에서 파일화되어 한번 정리된 후, 대뇌피질에 저장됩니다. 그리고 장기기억으로 고정됩니다. 즉, 자신에게 있어 중요하다고 판단한 것은 장기기억에 들어가고, 중요하지 않다고 판단된 것은 완전히 잊어버리는 것입니다. 긍정 확언을 하는 것은 뇌에 중요하다고 인식하는 행위라고 할 수 있습니다.

이 시기의 긍정 확언은 인지의 방향성을 바꾸는 중요한 역할을 합니다. 1주 차에 비해 허들이 높아졌기에 '나는 할 수 있다!'라고 하는 감각을 제대로 충족해줄 필요가 있기 때문입니다. 자신을 향해서 '할 수 있다!'라고 긍정적인 말을 계속 들려줌으로써 부정적인 가치 평가나 불안을 줄이고 자기효능감을 강화합니다.

또한, 자신의 잠재 능력을 끌어올리는 데 도움을 줍니다. 자기에 대해 긍정적인 발언을 함으로써 자기 안에 숨겨진 힘에 접근하기 쉬워져 그것이 성공의 계단을 구축하는 수단이 되는 것입니다.

허들이 급격하게 높아진 시기이기에 자신이 바라는 정체성도 동요되기 쉽습니다. 긍정 확언을 외침으로써 자신이 바라는 정체성도 강화됩니다.

예를 들어, 마음이 약해질 것 같은 때도 '나는 해낼 수 있는 사람이다!'라고 긍정 확언을 반복함으로써 자신을 목표를 달성할 수 있는 존재로서 재인식할 수 있게 됩니다. '나는 무능력한 사람이야'라고 생각해버리면 정말로 그렇게 되어버릴 가능성이 커집니다. 따라서 긍정 확언으로 그 생각을 덮어버립시다. '할 수 있다'라는 신념을 강화함으로써 힘든 상황에서도 긍정적인 태도로 임할 수 있고, 그것이 성공으로 이어집니다.

긍정 확언은 일정 기간 매일 계속하는 것이 효과를 높이는 데 중요한 역할을 합니다. 효과를 느낄 수 있을 때까지의 시간은 개인차가 있지만, 자기효능감이 수 주 동안에 향상된다는 연구 보고도 있습니다.

그렇다면, 2주 차의 긍정 확언의 구체적인 사용법에 대해 살펴보겠습니다.

1. 매일 같은 시간에 긍정 확언을 한다

매일 같은 시간에 긍정 확언을 외칩니다. 이 책에서는 하루의 끝에서 회고한 후에 긍정 확언을 하는 것을 추천합니다.

2. 긍정적이고 구체적인 문장을 고른다

긍정 확언은 일인칭으로 시작해서 '나는 할 수 있다', '나는 복근 운동 50회를 달성할 수 있다!' 등, 긍정적이고 구체적인 말을 포함하는 것이 중요합니다. 뇌에는 부정적인 표현은 통하지 않습니다.

부정형은 뇌가 인식하지 않기 때문입니다. 구체적인 진척 사항이나 성과에 초점을 맞춰서 자기 행동이나 노력을 칭찬하는 표현을 고릅니다. 또한, '나는 할 수 있다! 나는 할 수 있다!'라고 그저 말만 하는 것이 아니라, 그것이 실제로 되어 있는 모습을 상상하면서 외치는 자세가 중요합니다.

3. 현재형으로 자신이 바라는 이미지를 표현한다

2의 예에서처럼 자신이 바라는 이미지를 구체적인 말로 긍정 확언을 해주세요. 예를 들어, '나는 근육질 몸이 되고 싶다'라고 말하는 것보다는 '나는 근육질 몸이 되어 복근이 식스팩이 되어 있다'라고 해야 뇌의 'GPS 기능'이 작동합니다.

또한, 장래에 할 수 있다는 것이 아니라, 지금 되어 있는 상태로 표현해봅시다. 종종 '긍정 확언은 자신에 대해 거짓말을 하는 것이냐?'는 질문을 받게 되는데, 긍정 확언은 본래의 자신으로 돌아가기 위한 것이자, 미래의 자신을 선점하는 것이기도 합니다.

4. 개인의 목표나 가치관에 맞춘 내용으로 한다

긍정 확언은 자신의 목표나 가치관에 맞춘 내용으로 해서 개개인의 효과를 높입니다. 자신이 나아가고 싶은 방향이나 중요하게 여기는 가치관을 고려해서 그것에 기반한 구체적인 말을 집어넣습니다.

긍정 확언의 말이 정해졌다면 어딘가에 적어두고 같은 말을 매일 밤 외쳐봅시다. 매일 내용을 생각해서 외치는 것보다는 정해진 내용을 외치는 것이 부담도 적고 계속하기 쉽습니다. 여기에서는 그저 말하는 것이 아니라, 해낸 후의 자기 모습을 생생하게 상상하면서 외쳐봅시다. 그 상태가 현실인 것처럼 상상하면서 외쳐봅시다.

- 예 : "나는 할 수 있어. 나는 2주 차 목표인 복근 운동 50회를 달성할 수 있어! 그럼으로써 나는 복근이 갈라져서 식스 팩이 되었어!"

5. 긍정적인 감정과 연대한다

긍정 확언을 외칠 때는 그 말에 긍정적인 감정을 넣습니다. 긍정적인 에너지와 감정은 긍정 확언 효과를 강화해서 자신에 대한 자신감과 자기효능감을 높입니다.

긍정 확언은 타인에게 전할 필요는 없습니다. 어설프게 말했다가 '그것은 어려운 거 아닐까?' 등의 지적을 받게 되면 자기효능감은 금세 저하되어버립니다. 타인의 눈이나 현실 가능성 등에는 신경 쓰지 말고, 자신이 바라는 이상적인 이미지상을 만들어봅시다.

이러한 사항들을 바탕으로 2주 차에도 긍정 확언을 매일 실천함으로써 자기효능감을 높이고 습관화를 이어갑니다.

2주 차의 긍정 확언은 '이러한 습관 형성의 연장선에서 자신은 이렇다'라는 이미지를 뇌에 새기는 것이 포인트입니다. 그것을 생각하며, 매일 반복함으로써 셀프 이미지를 바꿔 나가봅시다.

일정한 기간에 습관화 행동을 회고해보는 것은 하루 단위로 느끼고 있던 자기 효능감을 더욱 높입니다. 또한, 정기적으로 회고함으로써 뇌는 그 정보를 더욱 깊게 기억해서 장기적인 학습으로 보완할 수 있습니다. '이번 주에도 이렇게나 힘냈다!'라는 것을 확인함으로써 성취감도 높아지고 의욕도 향상됩니다.

회고는 학습화를 위해 깨달음을 얻는 데도 효과적입니다. 회고하지 않고 그대로 진행하게 되면 깨달음의 기회를 잃게 됩니다. 회고함으로써 '잘해나가고 있다!', '그 부분은 바꿀 수 있을지도…'라고 자신의 감정을 깨달아 그것을 다음 단계의 배움이나 성장으로 연결시킬 수 있습니다.

준비 단계(WEEK 0)에서 그려낸 장래의 이상적인 모습과 지금까지 해나가면서 새롭게 의식한 것도 이미지화를 재강화하는 데 효과적입니다(자세한 회고의 효과는 1st WEEK의 칼럼을 참고해주세요).

그러면 다음의 단계를 참고해서 자신에게 질문하며 회고하고, 이미지화를 재강화해봅시다.

1. 긍정적인 요소를 회고한다

먼저, 자신이 2주 차에서 달성한 것이나 성공 체험에 초점을 맞춰주세요. 이것은 긍정적인 감정을 강화해서 의욕을 유지하는 데 도움을 줍니다.

| 구체적인 질문 |

- 2주 차를 진행하면서 가장 기뻤던 일은 무엇이었나요?
- 2주 차는 도전의 기간이었지요. 그중 성취감을 느낀 순간은 있었나요? 어떤 기분이 들었나요?

2. 과제나 고난을 회고한다

다음으로, 첫 일주일간 직면한 과제나 고난을 회고해봅시다. 감정이나 행동의 배후에 있는 이유를 이해하기 위해서는 이 과정이 중요합니다.

- 2주 차에서는 부하가 커졌지요. 그중 직면한 과제나 고난은 무엇이었나요?
- 그것들에는 어떻게 대처했나요?
- 고난을 통해 배운 것이 있나요?

3. 목표와의 일치성을 확인한다

달성된 성과나 경험을 자신의 장기적인 목표에 비춰보면서 현재의 진척 상황과의 일치성을 확인합니다. 목표가 적절했는지를 검토해서 필요하다면 수정합니다.

| 구체적인 질문 |

- 설정한 목표에 대해 시작 시점을 기준으로, 어느 정도로 진척되었나요?
- 목표나 느슨한 계획이 실현 가능성이 있다고 생각하나요?
- 현재의 행동이 장기적인 장래상과 일치하나요?

4. 다음 주를 위한 행동 계획을 짠다

회고의 마지막 단계로, 얻은 깨달음을 바탕으로 다음 주의 느슨한 계획을 수정하거나 추가하고 싶은 행동 계획을 세워 다음 주를 위한 준비를 합니다.

| 구체적인 질문 |

- 현재의 목표나 느슨한 계획을 수정할 필요가 있나요?
- 다음 주에 하고 싶은 행동 계획이 있나요?

2주 차 회고 후에 긍정 확언을 해주세요.

3rd WEEK

정착

- 내적 동기를 만든다

지금까지 준비 단계에서 '외적 동기'를 만들고,
1주 차, 2주 차에서는
'자기효능감'을 높이고 유지함으로써
서서히 부하를 늘려나가면서도
습관을 지속할 수 있게 했습니다.

하지만 언제까지고 '외적 동기'에 기대서는
습관을 지속할 수 없습니다.
왜냐하면 '외적 동기'가 지속되는 것은
단기간이기 때문입니다.

그렇기에 3주 차 단계, 즉 습관의 '정착 단계'에서는
'외적 동기'를 '내적 동기'로
바꿔나갈 필요가 있습니다.

3rd WEEK에서는 '외적 동기'를 '내적 동기'로 바꿔
습관을 계속하는 것이 즐겁고,
그래서 '자동화'되는 방법을 소개하겠습니다.

'정착'이란
'그 자체가 즐거운' 상태

왜 내적 동기가 필요할까?

3rd WEEK에서는 습관화를 위해 했던 행동을 정착시킵니다. 내적 동기 부여는 자신의 내부에 있는 흥미나 관심 등을 바탕으로 행동을 일으키는 것입니다.

누구에게 무슨 말을 듣거나 강요당하지 않아도 '행위 그 자체가 즐거우니까 한다!' 하는 상태입니다.

알기 쉬운 예로, 취미를 들 수 있습니다. 여러분 중에도 게임이나 스포츠를 일상적으로 즐기는 분들이 있을 것입니다. 이때 어떤 보상을 받을 수 있어서 하는 것이 아닐 것입니다. 순수하게 스포츠나 게임이 즐겁기에 하는 것입니다.

3rd WEEK는 마지막 주입니다. 왜 '즐거우니까 한다!' 상태로 만들 필요가 있는지, 내적 동기가 왜 필요한 것인지를 지금까지의 2주간의 대처를 회고해보면서 생각해봅시다.

먼저, 습관화하기 위한 첫 단계에서는 외적 동기가 큰 추진력이 되었습니다. 외적 동기는 '멋있어지고 싶다', '부자가 되고 싶다'와 같은 외부로부터의 자극이나 보상을 바탕으로 행동하는 것입니다.

인간의 뇌는 변화를 싫어하기에 처음에는 보상이 필요합니다. 외적 동기가 명확하면 할수록 뇌는 그것을 중요한 정보라고 인식해 습관을 형성하는 데 도움을 줍니다. 자신이 되고 싶은 모습, 보상에 따라 행동에 동기가 부여되고 습관 형성이 쉬워집니다.

첫 일주일간은 작은 스텝부터 시작해서 매일 확실하게 행동하는 것이 중요합니다. 목표는 1일 1회, 1일 1분이라도 좋으니 작은 성공 체험을 쌓아나갑니다. '나는 할 수 있다'라고 하는 자기효능감을 높여 계속할 수 있는 자신감을 가지는 것이 첫 일주일간의 가장 큰 포인트입니다.

습관화를 시작하고 첫 일주일 동안 약 40%가 포기합니다. 자기효능감을 높임으로써 포기하기 쉬운 이 일주일 동안의 조급함이나 부담을 최소한으로 줄입니다.

2주 차에서는 서서히 부담을 늘려나감으로써 도전의 허들을 높이고 자기효능감을 유지합니다. 적절한 타이밍에 부하를 늘림으로써 허들은 높아져도 '나는 할 수 있어!'라는 생각을 유지할 수 있도록 합니다. 도전하면서 성취감을 얻을 수 있는 목표를 설정함으로써 자신감을 떨어뜨리지 않고 습관을 강화할 수 있습니다.

그리고 3주 차입니다. 내적 동기를 만듦으로써 습관을 그저 의무나 목표 달성을 위한 것이 아니라 즐거움이나 충실감을 불러일으키는 것으로 인식합니다. 행동 그 자체의 의미를 발견하거나 기쁨을 느낄 수 있다면, 습관이 생활의 일부가 되어 마음가짐을 갖출 필요도 없이 편안하게 그것을 할 수 있습니다.

'오늘은 꼭 해야 해', '아직 계획 실행 못 했는데, 그렇지만 귀찮아' 하는 의무감에서 벗어나서 습관이 자신의 라이프 스타일이 됩니다.

인간은 보상 등 외적 동기가 크면 내키지 않은 행동도 지속할 수 있습니다. 하지만 목표 달성에 필요한 최저한의 수준으로만 하는 경향이 있고, 효과 역시 단기간이라고 알려져 있습니다. 높은 의욕을 계속 유지하는 데는 맞지 않습니다. 높은 의욕을 장기간에 걸쳐 유지하기 위해서는 행동 자체에 관심을 가지거나 즐겁다고 느낄 필요가 있습니다.

내적 동기는 외적 동기에 비해 지속적이고 장기적인 행동의 토대가 됩니다. 내적 동기에 기반한 행위 그 자체가 재미있게 느껴져 무리하지 않고 계속할 수 있습니다. 이 상태가 되면 오랫동안 즐기면서 할 수 있게 되어 습관이 전 생애에 걸쳐 이어질 가능성이 비약적으로 높아집니다.

'그렇다면 처음부터 내적 동기로 습관화하면 되잖아'라고 생각하는 사람이 있을지도 모릅니다. 네, 맞습니다. 그것이 이상적이지만 과연 어떨까요. '복근 운동, 뭔가 즐거워 보이니까 내일부터 복근 운동을 해야지!', '어학 공부, 뭔가 재미있어 보이니까 매일 할 거야!'라고 생각해서 실행할 수 있는 사람은 거의 없을 것입니다.

애초에 즐겁다고 느낀다면 굳이 습관화하려고 결심 같은 것을 하지 않아도 이미 일상에서 하고 있을 것입니다. 웨이트 트레이닝이나 어학이 취미인 사람을 보면 알 수 있을 것입니다.

그렇기에 우리를 포함한 대부분은 우선 '이렇게 되고 싶다', '저렇게 되면 즐거울 것 같다'라고 하는 바람을 바탕으로 습관화하는 것이 포기하지 않는 요령이 됩니다. 외적 동기에서 시작해서 조금씩 내적 동기를 크게 키워나갑니다.

3주 차에 동기 부여를 외적 동기에서 내적 동기로 자연스럽게 바꿔나가는 것이 습관화를 위한 행동에 지속성을 부여합니다.

내적 동기가 있는 상태 자체가 '정착'이다

그러면 내적 동기 부여로 행동하고 있는 상태, 행동 그 자체가 즐거운 상태는 구체적으로 어떤 상태인지 살펴봅시다.

내적 동기 부여로 행동하고 있는 상태는 즐거워서 계속 몰두할 수 있는 상태입니다. **활약 그 자체가 목적이 되어 있는 상태라고 할 수 있습니다.**

왜 행동 그 자체가 목적이 되었냐 하면, 그것은 습관화한 행동이 긍정적인 감정과 연결되어 있기 때문입니다. 예를 들어, 운동을 습관화한 경우, 처음에는 '이성에게 인기 많아지고 싶으니까 근육질 몸이 되고 싶어'라는 외적 동기로 시작했다고 합시다. '인기가 많아지고 싶어. 인기가 많아지고 싶어' 하며 웨이트 트레이닝을 열심히 했더니 운동하는 동안 상쾌함을 느껴 싫은 일을 잊고 기분 전환을 할 수 있게 되어 기분이 좋아지거나 하는 순간이 있을 것입니다.

처음의 '이성에게 인기가 많아지고 싶으니까 근육질 몸이 되고 싶어' 하는 동기와는 다른 감정이 싹틉니다. 2주 동안 계속하면 '아, 몸이 조금 변하고 있는 것 같은데…'라고 변화를 느끼며 기쁨을 느낄지도 모릅니다.

이처럼 처음에는 외부에서 생긴 보상이나 평가, 승진 등 외적 동기로 행동했지만, 하는 동안 자연스럽게 긍정적인 감정이 생겨 또 그 행동을 하고 싶어 하는 등 목적이 행동 자체로 바뀝니다.

예를 들어, '영어를 할 수 있게 되면 멋있기도 하고, 외국계 기업에서 일하고 싶어. 수입도 높고'라고 미래의 자신을 상상하면서 영어 공부를 시작한 사람이 적지 않을 것입니다. 물론, 그 동기를 가지고 한결같이 노력한 사람도 있겠지만, 제 주변을 보면 그런 사람은 오래 지속되지 않았습니다.

계속 이어간 사람은 영어를 즐긴 사람입니다. 영어를 조금 할 수 있게 되면 해외여행을 가거나 현지 사람과 대화하는 것도 즐겁고, 외국 사람과의 교류를 통해 다른 문화를 배우는 즐거움 등 취직이나 세간의 평가 등이 아니라 어학을 배우는 그 자체에 즐거움을 느끼게 되면 학습이 지속됩니다. 결과적으로, 외국계 기업에서 일할 가능성도 커집니다.

저 역시 최근에 이 '동기의 전환'을 체험했습니다. 저는 항상 '생산성이 높은 사람이 되고 싶다'라고 이미지화하고 있습니다. 이 이상에 가까워지기 위해서 식생활이나 운동 습관을 재검토하고 업무 능력을 향상시키기 위해 노력했습니다. 전직한 지금, 제가 경영에 관여한 기업은 모두 매출이 증가하는 등 긍정적인 성과를 내고 있습니다.

업무의 일환으로 유튜브도 만들고 있습니다(www.youtube.

com/@high-performance). 어떻게 하면 생산성이 높아질 수 있을지를 중심으로 '일을 잘하는 사람이 보이지 않는 곳에서 반드시 하는 것 3가지', '일을 잘하는 사람의 아침 습관', '엄청나게 뛰어난 사람이 되기 위한 5가지 습관' 등을 주제로 이야기하고 있습니다.

유튜브를 시작한 것은 저의 생산성을 높이기 위해서 콘텐츠를 만듦으로써 '생산성이 높아 보이고 싶어'라는 바람도 있었고, 코칭 사업의 접객으로도 연결시키고 싶었기 때문입니다. 즉, 외적 동기에서 시작되었습니다.

일주일에 한 번 발행했기에 솔직히 당시에는 너무 힘이 들었습니다. 콘텐츠도 생각하지 않으면 안 되었고, 촬영도 해야 했습니다. '이번 주에는 그만둘까?' 하고 생각한 적도 있었지만, 그것을 외적 동기로 어떻게 간신히 넘기면서 이어갈 수 있었습니다.

그런데 신기하게도 지금은 전혀 고통스럽지 않습니다. 오히려 즐겁습니다. 계속해나가다 보니, 저 자신이 남들에게 어떻게 보여질지, 이것은 코칭 업무를 위해 해야 한다는 마음이 점점 옅어지면서 '생산성을 높이고 싶은 사람에게 도움이 되었으면 좋겠다'라는 마음이 더 커지게 되었습니다.

이번 주는 어떤 이야기를 해야 할지 고민하는 일도 적어지고, 이번 주는 어떤 내용이 좋을지 기획이나 구성을 생각하는 것도 즐거워졌습니다. 유튜브 영상을 만드는 것 자체를 긍정적으로 느끼게 된 것입니다.

아마 여러분에게도 취미가 있을 것입니다. 취미 역시 마찬가지입니다. 예를 들어, 낚시를 좋아하는 사람은 왜 낚시를 좋아하냐고 물으면 "희귀한 물고기를 낚고 싶다", "큰 물고기를 낚고 싶다"라고 대답할 것입니다. 저의 유튜브도 '발행 그 자체가 즐겁기 때문에' 하게 된 상태입니다.

즉, 외적 동기 부여에서 내적 동기 부여로의 전환이란, 뇌를 억지로 움직이게 해서 의식하면서 습관화하려는 상태에서, 마음 저 깊은 곳에서 행동 그 자체를 즐겁다고 느끼는, 취미와 같은 상태로 이동하는 것으로 생각하면 쉬울 것입니다.

행위 그 자체가 즐거운 상태라는 것은 '습관을 위한 행동에 자기 스킬과 어려움의 균형이 잘 맞춰진 상태'라고도 할 수 있을 것입니다. 예를 들어, 낚시를 좋아해도 잘 낚을 수 없다면 금세 질리게 될 것입니다. 전혀 낚지 못하는 정도는 아니지만, 간단하게 낚을 수 없는 상태라면 몰두할 수 있고 재미있다고 느낄 것입니다. 그렇기에 습관화에서도 하는 것이 즐겁다고 느끼려면 집중하는 것이 중요합니다.

그러기 위해서는 계획이 충분히 도전적이면서 능력에 딱 맞을 필요가 있습니다. 이 2가지가 갖춰져야 깊은 집중 상태가 됩니다. 집중함으로써 즐거움이나 성취감이 커집니다. 예를 들어, 독서를 습관화하려는 경우도 자기 일과 관계가 있는 책부터 읽기 시작하는 등의 노력을 해봅시다. 조금 어렵더라도 자신의 흥미에서 멀지 않은, 업무에 도움이 되는 책이라면 그렇게까지 힘들지 않게 읽어나갈 수 있을 것입니다.

새로운 지식이나 기술을 배워나가면서 지속할 수 있습니다. 거기에서 성취감이 생기면, 업무와 관계없이 점점 읽는 것 자체가 즐거워질 것입니다.

이러한 요소를 의식함으로써 3주 차에 내적 동기를 기르고 '그것 자체가 즐겁다'라는 정착 상태를 구축합니다. 이렇게 되면, 그저 습관의 지속에서 끝나지 않게 됩니다. 행동 그 자체가 성취감이나 즐거움을 불러오는 생활의 일부가 되어 지속 가능한 라이프 스타일로 뿌리내리게 할 수 있습니다.

습관화의 동기를
'반드시 이렇게 되고 싶어!'에서
'그 자체가 즐거워!'로 바꾼다

왜 '그 자체가 즐겁다!'로 바꿀 필요가 있을까?

'그것 자체가 즐겁다!'라는 내적 동기 부여는 습관 정착에 꼭 필요합니다. 왜냐하면, '이렇게 되고 싶다'라는 동경 등의 외적 동기 부여는 처음에는 효과적이지만, 그 효과가 길게 이어지지 않기 때문입니다.

외부의 보상이나 목표만으로 행동을 계속하는 것은 어렵기에 계속성의 관점에서는 개인의 흥미나 즐거움에 기반한 내적 동기를 행동 엔진에 위치시킬 필요가 있습니다.

1주 차에서 작게 시작해서 계속하는 것을 우선시해 성공 체험을 쌓고, '나라면 할 수 있다!'라는 자기효능감을 높입니다. 그럼으로써 행동에 대한 자신감이 붙고, 2주 차에서는 서서히 부하를 늘려나가면서 좌절을 피하고 앞으로 나아가는 기반을 구축합니다.

그런데 3주 차에서는 '반드시 이렇게 되고 싶어!'라고 하는 외적 목표에 너무 집착하게 되면 계속하기가 어려워질 가능성이 있습니다. '그 자체가 즐거워'라는 내적 동기로 행동 그 자체의 기쁨을 발견해야 계속할 수 있습니다.

이것은 뇌의 움직임을 통해 설명할 수 있습니다. 외적 동기는 항상 외부로부터 뇌의 'GPS 기능'을 계속 작동시켜야 합니다. 긍정 확언을 하는 등 '이렇게 되고 싶어'라고 계속 뇌가 믿게 해야 할 필요가 있습니다. 이것을 계속하는 것은 쉽지 않지만 계속하는 동안 뇌가 변하게 됩니다.

습관화를 위한 행동이 처음에는 즐겁다고 인식하지 못해도 이어가는 중에 자기효능감을 높이는 노력 등을 해나가면서 '이 행동을 하면 즐거워' 하는 감정으로 연결되어 뇌 안의 새로운 뉴런이 형성됩니다.

예를 들어, 웨이트 트레이닝도 처음에는 '아 너무 힘들다'라고 느끼기에 부하를 가볍게 하거나 동경하는 이미지를 인식하거나 해서 계속하는 것 자체를 우선으로 합니다. 그리고 계속해 나가는 중에 '뭔가 근육이 좀 붙은 거 같아서 즐거워', '웨이트 트레이닝을 하면 스트레스가 풀리는 기분이야'라고 행동과 긍정적인 감정이 연결되면서 뇌의 구조가 변화하기 시작합니다.

뉴런이 한번 형성되면 특정한 행동과 즐거움이 연결되어 있기에 계속할 수 있습니다. 뇌는 그 행동에 주목해서 반복할 수 있게 됩니다. 공부 습관도 처음에는 많은 사람이 긍정적인 감정과 연결되어 있지 않은 상태입니다. 억지로 하는 사람도 많을 것입니다. 하지만 계속함으로써 '새로운 지식을 알게 되는 것이 즐거워', '오늘 공부한 것이 전에 배운 것과 연관되어 있어서 재미있어'와 같이, 행동 자체가 긍정적인 감정과 이어져 무리하지 않고도 습관화할 수 있습니다.

처음에는 '하면 칭찬받는다', '안 하면 혼난다'와 같은 외부에서의 동기 부여였다고 해도, 점차 '더 알고 싶어'라는 내면으로부터의 동기 부여로 변화하는 경우가 대단히 많습니다.

이처럼 내적인 즐거움에 초점을 맞추려고 하면, 행동 그 자체가 성취감이나 만족감을 안겨주기에 의욕을 유지하기 쉬워집니다. '하라고 해서 했다', '하지 않으면 안 된다' 하는 감정이 없어져도 자연스럽게 계속할 수 있게 되어 장기적으로 이어질 가능성도 커집니다.

'즐거움'의 비율을 늘린다

이 변화는 이를테면 자신의 가치관 변화입니다. 처음에는 습관화의 '수단'이었던 것을 '목적' 그 자체로 바꾸는 것입니다.

예를 들어, '인기를 끌고 싶어서 몸짱이 되고 싶은' 웨이트 트레이닝 습관을 '웨이트 트레이닝 그 자체가 즐거우니까 한다'라는 목적으로 바꾸는 것입니다. 처음부터 '웨이트 트레이닝이 좋으니까 한다'라는 마음을 가지는 것은 어렵기에 먼저 컨트롤하기 쉬운 외부로부터의 동기 부여를 행동하기 위한 수단으로 이용하면서 행동 그 자체를 목적으로 바꿔나갑니다.

여기에서 주의하지 않으면 안 되는 것은 2주 차에서 강하게 의식하고 있던 장래의 '이렇게 있고 싶다!' 하는 마음을 완전히 버리면 안 된다는 것입니다.

3주 차는 지금까지의 '이렇게 되고 싶다…' 하는 이미지를 계속 가지고 있으면서 '이렇게 하고 싶다!' 하는 것을 달성하기 위한 수단으로서의 행동을 '그 자체가 즐겁다!' 상태로 전환해가는 기간입니다. 이상적으로 생각하는 자기 모습을 계속 가지고 있어야 합니다.

아마 여러분은 습관화를 위한 행동을 시작한 1주 차에서는 거의 즐거움을 느끼지 못했을 것입니다. '딱히 하고 싶지 않아' 상태에서 외부로부터의 동기 부여로 뇌를 자극해 행동을 일으킨 단계이기 때문입니다.

2주 차에서는 부하를 높여 의욕적인 도전을 통해 성취감이 높아지면서 즐거움이나 기쁨을 느끼는 순간도 있을 것입니다. 항상 즐겁지는 않아도 가끔 상쾌함을 느끼며 '힘들지만 그래도 웨이트 트레이닝을 시작하길 잘했다'라고 생각하는 순간도 생길 것입니다.

그리고 3주 차에서는 자신의 성장을 느끼며 동기를 바꾸게 됩니다. 2주 차의 '지속'에 의해 컴퍼트 존의 흔들림이 꽤 약해졌기에 부하를 높은 상태로 계속해나가도 행동 그 자체를 즐겁게 느낄 수 있게 됩니다. 더 이상 웨이트 트레이닝이 뇌에 있어 보통 하지 않는 일, 비일상적인 행동이 아니게 되었습니다.

이처럼 내적 동기에 의한 '즐거움'은 갑자기 생기는 것이 아니라 조금씩 전체로 퍼져나가는 비율을 늘린다고 할 수 있습니다. 다시 말해, 습관화를 위한 3주는 '즐거움'의 요소를 점점 늘려 자신의 가치관을 바꾸는 3주라고 할 수 있습니다.

물론, '즐겁다'라는 감정은 사람마다 다릅니다. 아마도 저와 여러분의 '즐겁다'라는 느낌은 다를 것입니다. 그렇기에 자신의 가치관을 명확히 해서 파악해둘 필요가 있습니다. 이것은 얼핏 어렵게 느껴질 수도 있습니다. '당신의 가치관을 가르쳐주세요'라는 말을 들어도 곤란할 것입니다. 이것은 가치관이 일반적으로는 꽤 애매한 것이기 때문입니다. 그렇기에 이 애매함을 자신이 명확하게 하면 자신의 가치관이 분명해질 것입니다.

예를 들어, '돈을 많이 버는 것보다 건강하게 있고 싶다'라는 미래의 자신을 그렸기에, 지금까지의 습관화를 위한 운동을 해왔던 것이겠지요. '건강하게 있고 싶어'라는 것은 많은 사람이 바라는 미래이지만 알 것 같으면서도 어렵습니다.

굉장히 추상적이기에 이 바람을 명확하게 하기 위해서는 개인적인 요소로 분해해야 합니다. 자신은 왜 건강하게 있고 싶은가. 오래 일하고 싶은 것인지, 퇴직해서 여행을 즐기고 싶은 것인지, 가족이나 친구와 오래 사이좋게 지내고 싶은 것인가. 애초에 돈은 왜 필요가 없는 것인가. 돈을 많이 벌면서 건강하게 있어도 좋은 것은 아닐까.

이처럼, 자신의 축이 될 가치관을 발견해봅시다. 이 축이 행동의 기반이 되어 습관화가 좀 더 즐거워질 것입니다.

에디슨은 습관화의 프로

습관은 즐거우면 계속 이어갈 수 있습니다. 점점 즐거워져서 계속 이어간다면 결과적으로 성공 체험도 늘어납니다. 아마도 습관을 계속 이어간다는 의식도 없게 됩니다. '즐거우니까 하고 있다', 그것을 어떤 사람은 '습관'이라고 부릅니다. 역사상 많은 위인은 다른 사람들이 본다면 괴로움처럼 보이는 습관을 '그 자체로 재미있어!'라는 상태로 바꾼 사람이라고 할 수 있을지도 모릅니다.

그중 한 사람이 '발명왕'이라고 불리는 토머스 에디슨(Thomas Alva Edison)입니다. 그가 발명한 수(특허 수)는 1,000개가 훨씬 넘습니다. 우리가 지금 영화를 보거나 전화하거나 소리를 기록할 수 있는 것은 모두 에디슨의 공적입니다. 그의 특허 중에서도 가장 유명한 것은 백열전구입니다. 밤에 밝음을 누릴 수 있게 된 것은 에디슨의 발명 덕분입니다. 물론 처음부터 잘된 것은 아니었습니다.

밝음을 장시간 유지하려면 전구 안의 빛나는 얇은 선(필라멘트)이 전기를 통해 뜨거워져도 끊어지지 않도록 해야 했습니다. 당연히 끊어지지 않는 방법을 연구하면 되는 문제지만, 당시의 기술자들은 모두 다 고전했습니다. 필라멘트를 어떤 소재로 하면 좋을지, 에디슨은 계속 새로운 소재를 시험해봤습니다. 그렇게 실패하고, 또 새로운 소재를 찾아서 실험하기를 반복했습니다. 일설에 의하면 2만 번 시험했다고도 알려져 있습니다

보통의 사람이라면 포기했을 것입니다. 하지만 에디슨은 포기하지 않았습니다. 실험이 습관화되어 특히 성과가 나오지 않더라도 실험 그 자체가 즐거웠기 때문입니다. 실제로 그는 백열전구 특허 취득에 성공했을 때 '셀 수 없이 많은 실패를 했지만 왜 포기하지 않았나요?'라고 묻자 이렇게 답했습니다.

"그것은 실패가 아닙니다. 잘 안되는 방법을 하나씩 하나씩 확인하기 위함이었습니다."

이 세상의 많은 사람이 보면 너무나도 분명한 실패지만, 그에게는 즐거운 실험 중 하나였던 것입니다. 에디슨은 포기하는 것이 실패라고 말하지만, 아마도 그에게 그런 선택지는 없었을 것입니다.

실험 습관이 그저 한결같이 재미있는 상태였기에 계속하고 있다는 느낌조차 없었을 것입니다. 계속하고 있는 느낌이 없었기에 그만두겠다는 생각도 못했을 것입니다. 즐거우니까 무의식적으로 계속하고 있었을 뿐입니다. 백열전구 하나로 2만 번의 실험을 할 정도였으니 1,000개가 넘는 발명 뒤에는 몇천만 번의 실패한 실험이 있었을까요.

'괴롭다'라고 느꼈을지도 모르지만, 그것은 보통 사람의 감정이기에, 에디슨이라면 아마 '지금까지 알 수 없었던 것을 알게 되어 즐거운' 행동을 쌓아나가는 것뿐이었을지도 모릅니다.

자신만의 중심을 가지고 세상의 가치관과 상관없이 습관화를 위해 계속해나가는 것이 '즐겁다'라고 생각되면, 그것은 습관화 방법을 완전히 손에 넣었다고 할 수 있을 것입니다.

습관을 그 자체로
즐겁다고 생각하게 만드는 방법

01 '의미 부여'를 명확히 한다

지금까지는 '이렇게 있고 싶다'를 무리하지 않고 '즐겁다'로 바꾸는 방법에 대해서 전달했습니다. 중요한 것은 '의미 부여'입니다. 의미 부여라고 딱 들으면 사실 무슨 말인지 바로 이해가 안 될 수도 있지만, 많은 사람이 의미 부여를 유용하게 사용하고 있습니다.

예를 들어, 일을 잘하는 사람은 회사에서 자신이 놓인 상황이 바뀔 때마다 새로운 의미를 발견해서 의욕이 자연스럽게 유지될 수 있는 상황을 스스로 만듭니다. 부서 이동이 많아도 '나는 이 직장에 필요한 인재다' 혹은 '지금의 일은 괴롭긴 하지만 이 경험을 실릴 기회가 올 것이다'라고 생각하는 등 일의 의미를 스스로 정하는 것입니다.

반대로 잘 맞지 않는 부서로 이동되자마자 바로 의욕을 잃어버리는 사람은 의미 부여를 잘하지 못하고 회사에서의 평가와 같은 외부의 동기 부여에 너무 기대고 있는 것인지도 모릅니다. 습관 형성 역시 왜 그것을 하는 것인지 의미를 부여함으로써 의욕을 높이는 효과가 있습니다.

2주 차에서 습관화를 향한 행동은 '이런 사람이 되고 싶다' 하는 이상에 가까워지기 위한 수단입니다. 3주 차에서는 수단이 아니라 행동 그 자체를 목적으로 바꿉니다. '이런 사람이 되고 싶다'라는 이미지화를 하면서 '즐거우니까 한다'를 행동의 동기로 합니다. 여기에서 생각할 필요가 있는 것이 여러분이 '이런 사람이 되고 싶다' 하는 '그 모습이 되고 싶은 것은 왜인지' 하는 의문입니다.

이것은 습관화를 위한 최초의 단계에서는 복잡해지기에 굳이 거론하지 않았습니다만, 내적 동기와 깊은 관련이 있습니다. 인간의 행동이나 마음은 그것을 움직이게 하는 무엇인가가 있습니다. '멋있어지고 싶어', '인기가 많아지고 싶어', '부자가 되고 싶어'와 같은 막연한 이미지라도 왜 그렇게 되고 싶은지 이유가 있을 것입니다. 그 의미를 파악해내는 것이 습관화의 '의미 부여'입니다.

의미 부여를 함으로써 자신을 더 깊이 이해할 수 있습니다. 왜 하는지는 당연히 자신만의 의미가 있기 때문입니다. '영어를 능숙하게 말하고 싶어'라고 여러분과 회사 동료가 똑같이 생각하고 있다고 해도 그 생각에 이르게 된 배경이 같지는 않을 것입니다.

의미 부여는 습관화하려는 행동이 자신의 성장이나 가치관에 맞는지 다시금 인식할 수 있게 합니다. 자신을 다시 살펴봄으로써 내면에서부터 성취감을 느낄 수 있게 되고 셀프 이미지도 높아집니다.

2주 차에서 습관의 동기 부여는 '저렇게 되고 싶다'와 같이 다른 사람을 동경하거나 '인기 많아지고 싶어', '일을 잘하게 되고 싶어'와 같은 다른 사람의 기대에 부응하거나 다른 사람의 평가가 기준이었습니다.

즉, 다른 사람이 전제된 동기 부여였기에 자기 스스로 동기를 완전히 컨트롤 할 수 없는 부분도 있었습니다. 여러분이 '상사처럼 미팅에서 영어를 능숙하게 활용해 상사에게 좋은 평가를 받고 싶다'라고 이미지화해서 영어 공부를 힘내서 한다고 해도 상사가 좋은 평가를 해줄지, 아닐지는 알 수 없습니다.

그렇기에 의욕이 저하되거나 좌절할 가능성도 있습니다. 하지만 스스로 의미 부여를 하게 되면 동기 부여는 자립할 수 있게 됩니다. 자존심을 키우는 것입니다.

또한, 의미 부여는 행동의 본질적인 기쁨이나 즐거움의 재발견으로 이어집니다. 왜 그렇게 되고 싶은지 하는 이유를 잘 발견해서 행동과 자기 가치관의 일치성을 발견한다면, 행동 그 자체가 즐거워져서 습관을 계속하기 쉬워집니다.

예를 들어, 제 클라이언트 중 '해외에서 일하게 되면 멋있기에, 영어 공부의 습관을 들이고 싶다'라는 동기로 습관화를 위해 행동을 개시한 분이 있습니다. 계속해나가는 중에 어느샌가 영어로 외국인과 대화하는 것이 즐거워져서 점점 더 공부를 열심히 하게 되었습니다.

그 사람은 다른 사람과 커뮤니케이션하는 것을 굉장히 중요시하는 가치관이 본래부터 있기에 영어 습관을 통해 커뮤니케이션의 재미를 재확인하고, 자신에게 영어 학습은 그저 단순한 업무를 위해서 하는 것이 아니라는 의미 부여를 할 수 있게 된 것입니다.

자기 스스로 행동의 의미를 이해하면 도중에 포기할 가능성도 적습니다. 습관화 과정에서 고난이나 장애를 만나게 되는 것은 피할 수 없지만, 그때 '왜 그 행동을 계속하는 것인지', '왜 그것이 중요한 것인지'를 이해하고 있다면, 고난에 맞설 힘이 생기기 때문입니다.

목적을 명확하게 하면 할수록 일시적인 고난이나 불쾌감에 극복해낼 의지가 강해지고, 이는 습관의 지속으로 이어집니다.

그러면 어떻게 의미 부여해야 할까?

그러면 어떤 식으로 해야 의미를 부여할 수 있을까요? 구체적인 방법을 살펴봅시다. 먼저 주의하지 않으면 안 되는 것이 의미 부여는 각자 다르다는 것입니다.

웨이트 트레이닝을 해서 몸짱이 되고 싶은 이유도, 영어를 능숙하게 하고 구사하고 싶은 이유도 사람마다 다릅니다. 만약 체중 70kg인 두 사람이 각각 '6개월 만에 65kg이 되고 싶어'라는 꿈을 가지고 있다고 해도 이유는 다를 것입니다.

그렇기에 의미 부여에 절대적으로 필요한 것은 자기 탐구입니다. 자기 내면을 탐색하는 작업입니다. 극단적으로 말하면, '자신이란 어떤 사람인지를 묻는 작업'이라고 해도 과언이 아닐 것입니다.

'이렇게 되고 싶다'라고 하는 외적 동기는 동기 부여가 애매합니다. 하지만 애매하더라도 문제가 없습니다. '멋있게 보이고 싶다', '똑똑해 보이고 싶다' 등이 동기인 사람이 대부분일 것입니다.

그런 정도여야 습관화를 위한 초기 단계에서 의욕이 생길 것입니다. 저도 일을 잘하는 사람이라고 인정받고 싶어서 업무 습관을 재검토한 것이 습관 형성의 계기였습니다.

하지만 앞에서도 이야기했듯이 밖에서 주는 동기는 오래 지속되지 않습니다. 그렇기에 자신이 하는 것이 어떤 의미가 있는지, 어떤 목적으로 이 행동을 하고 있는지 자문자답해봅시다.

'왜 그렇게 되고 싶은지' 끝까지 파고들어서 자신의 기본적인 가치관이나 인생에서 가장 큰 목적을 정리합니다. 그것이 지금 하려고 하는 습관과 어떤 관련이 있는지가 명확해집니다.

예를 들어, '멋있게 보이고 싶다'라는 외적 동기는 왜 있을까요? 자신의 현재나 과거를 돌아보면 '멋있게 보이면 일을 잘하는 것처럼 보이니까'라고 생각했을지도 모릅니다. 혹시나 '학창 시절에 인기가 없었기에 자신을 바꾸고 싶다'라고 생각했을지도 모릅니다. 의미 부여는 여러분 각자만의 동기를 발견하는 작업입니다.

또한, 그러한 작업과도 연관이 있지만 자신만의 개인적인 이야기를 만들어봅시다. 이것은 습관이 자신의 인생에 어떤 영향을 불러오는지를 그려보는 것입니다. '이렇게 되고 싶다'라고 생각한 장래의 모습이나 그 모습이 되었을 때 어떤 것을 느끼는지, 어떤 것을 달성했는지 등을 상상합니다.

스토리를 만드는 것은 행동이 즐겁다고 느끼는 열정의 요소도 포함해야 합니다. 스토리를 만들라고 하면 어렵다고 느껴질 수도 있지만, 누구나 가능합니다. 자신은 어떤 인생을 보냈는지 돌아보면서 자신이 어떤 사람이고 싶은지를 생각해보면 됩니다.

여러분이 주인공인 영화를 만들면 되는 것입니다. 여러분이 주인공이고, 감독입니다. 어떤 제약도 없습니다. 당연하지만 한 사람, 한 사람의 인생은 전혀 다릅니다. 100명 있으면 100개, 1,000명 있으면 1,000개의 인생이 있습니다. 그것에는 정답도, 오답도 없습니다.

예를 들어, '영어를 능숙하게 구사하고 싶다'라는 장래상을 가진 사람은 많을 것입니다. 하지만 왜 영어를 능숙하게 구사하고 싶은지는 사람마다 다를 것입니다. 해외에서 일하고 싶다, 해외에서 살고 싶다, 외국인과 친해지고 싶다. 그리고 그러한 동기 역시 더욱 깊이 파고들어 봅시다.

해외에서 일하고 싶은 것은 친척 중에 외국계 기업에서 일하고 있는 사람이 있어서 그 영향을 강하게 받았을지도 모릅니다. 외국인과 친해지고 싶은 것은 어렸을 때, 옆집에 살고 있던 외국인 가족과의 교류가 즐거웠기 때문일지도 모릅니다.

그러면 왜 친척에게 영향을 받았는지, 교류의 어떤 부분이 즐거웠는지 깊이 파고들어 봄으로써 습관화의 동기가 명확하게 되어 의미를 부여할 수 있습니다. 여러분만의 유일무이한 동기에 의미 부여를 할 수 있으면, 장래 자기 모습도 더욱 구체적으로 보이게 될 것입니다.

예를 들어, 저는 '일의 능률을 높이고 싶다', '생산성이 높은 비즈니스맨이 되고 싶다'라고 신입사원 시절에 어렴풋이 생각했습니다. 실제로 생산성이 높은 비즈니스맨이 되면 시간적으로도 여유가 생기고, 가족과도 함께 느긋한 시간을 보낼 수 있다고 생각해 습관화에도 여러 가지 노력을 했습니다.

하지만 잘되지 않았습니다. 업무에서 성과를 내면 낼수록 더 열심히 일하게 되었습니다. 더 좋은 성과를 자신에게도, 주변에도 추구하게 되어 매일 잔업을 하고 휴일 근무가 이어졌습니다. 성과와 함께 노동시간도 비례하게 늘었습니다.

그 시점에서 한번 자문자답해봤습니다. '왜 나는 업무 능력을 올리고 싶었을까?' 철저하게 자기 탐구를 했습니다. 그러자 단순하게 '일을 잘한다고 인정받고 싶다'라고 하는 바람이나, 사업가였던 부친을 향한 동경이 있었다는 것을 깨닫게 되었습니다. 그뿐만 아니라 더 깊이 의미 부여를 해나가니 유아기의 체험과 직면하게 되었습니다.

부친은 일이 바빠 집에 거의 안 계셨기에 외롭다고 느껴 '내가 가정을 꾸리면 가족과의 시간을 소중하게 여기겠다'라고 결심했던 것이 생각났습니다. 그런 의미 부여를 하니 습관화에 대한 의욕이 높아졌습니다. 그렇게 식사 습관이나 운동 습관도 재검토하게 되었고, 노동환경이나 가족과의 커뮤니케이션도 모두 호전되었습니다.

그리고 '나와 같이 바빠서 시간을 확보할 수 없는 사람이 일하는 법을 바꿨으면 좋겠다'라고 느끼게 되어 일의 능률을 올리는 데 포인트를 둔 코칭 회사를 차리게 되었습니다.

스스로 왜 그것을 하는지, 이는 궁극적으로 여러분이 사는 의미라고 해도 과언이 아닙니다. 습관화의 의미 부여란 인생의 의미 부여라고 할 수 있습니다. 그 의미의 윤곽이 뚜렷하다면 자연적으로 습관화 역시 빨라질 것입니다.

만약, 여유가 있다면 자신의 의미 부여를 다른 사람과 공유해 봅시다. 자신이 행하고 있는 습관의 의미를 가족이나 배우자, 친구에게 말함으로써 그 행동은 다른 사람에게도 가치가 있는 것이라고 실감할 수 있게 될 것입니다.

예를 들어, 내 일의 생산성 의미 부여(아이를 외롭게 하고 싶지 않다)에 대해 가족에게 이야기함으로써 내가 바쁘게 있어도 '이것은 시간적 여유를 만들기 위해, 가족을 위해서 힘내고 있다'라고 이해해줄 수 있게 됩니다.

그때까지는 아내와 아이에게 '왜 일만 해?'라는 이야기를 들었지만, 왜 힘내서 일하고 있는지를 공개함으로써 가정의 분위기도 바뀌었습니다. 공유함으로써 바쁠 때 응원도 받을 수 있게 되었고, 제 의욕도 높아졌습니다.

물론, 상황이 변하면서 의미 부여도 바뀌는 경우가 있습니다.

정기적인 회고와 조정을 통해 항상 습관화가 자신에게 의미가 있는 것인지, 아닌지를 확인해봅시다.

02 습관을 '즐거운 경험'과 연결시킨다

행동이 '즐겁다'라고 느낄 수 있다면 습관화는 앞으로 나아갈 수 있습니다. 예를 들어, 영어 학습은 처음에는 힘들게 느껴질 것입니다. '단어를 외우는 게 너무 어렵다', '문법을 외우는 게 너무 귀찮아' 하는 상태는 누구든지 경험했을 것입니다.

하지만 '하루 5분만 공부한다', '하루에 단어 5개만 외운다'처럼 작은 스텝으로 시작해 자기효능감을 높여나가면, 다른 사람과 이야기하면서 재미있는 화제로 웃거나 해외 영화도 자막 없이 거의 이해할 수 있게 되어 영어를 공부하는 것 자체가 즐거워질 것입니다.

같은 행동을 해도 즐거운 경험이 있으면 느끼는 것도 달라집니다. 괴롭지 않고 즐거워지는 것이지요. 즐거운 경험이 있으면 무리하지 않고도 이어갈 수 있습니다. 그렇기에 습관이 즐겁다고 느끼려면 '즐거운 경험'과 연결시키는 것도 한 가지 방법입니다. 이것은 인지과학의 관점에서도 효과적이라고 알려져 있습니다.

먼저 '즐거운 경험'은 뇌의 쾌락 중추를 활성화시킵니다. 행동이 즐거운 경험과 연결되면 뇌의 쾌락 중추인 보상계가 활성화되어 행동이 즐겁다고 느끼는 요소가 됩니다. 보상과 만족감에 관여하기 때문에 즐거운 경험이 습관의 긍정적인 요소로 작용해 의욕을 높입니다.

또한, 행동을 즐거운 경험과 결부시킴으로써 그 행동에 대한 긍정적인 감정이 만들어집니다. 심리학적으로는 긍정적인 감정은 행동의 재발생을 촉구합니다. 재미있으니까 더 하고 싶게 되는 것입니다. 습관을 즐거운 경험과 결부시킴으로써 그 습관을 계속하는 것이 긍정적인 경험을 불러오는 수단이 되어 의욕을 높게 유지할 수 있습니다.

습관을 즐거운 경험과 결부시킴으로써 행동을 향한 저항감이나 스트레스가 줄어드는 점도 놓칠 수 없습니다. 행동이 즐겁다고 느낌으로써 그 행동을 하는 것이 부담되지 않고 저항감을 감소시키는 것입니다.

즐거운 경험과 결부시키면 습관이 일상생활의 일부로서 정착되기 쉽습니다. 즐거움을 계속 느낄 수 있는 습관은 그저 의무가 아닌, 생활 속에서 기쁨을 불러일으키는 존재가 되기 때문입니다.

이로써 습관이 자연적인 것이 되어 마음 편한 일상의 일부로 받아들이게 됩니다. 자연스럽게 계속할 수 있게 되면, 최종적으로는 바라는 성과를 달성하기 쉬워집니다. 영어를 공부해서 해외 드라마의 영어가 이해할 수 있게 되면 즐거워져서 더욱 공부를 열심히 하게 되는 사람도 있을 것입니다.

더 공부하면 해외 드라마 역시 더 잘 이해하게 되고, '어려운 회화 표현도 공부해볼까?' 하며 의욕이 더욱 높아질지도 모릅니다. 이것은 영어 학습이 해외 드라마 감상이라는 즐거운 경험과 결부되어 어학을 배우는 것이 즐거워진 예입니다.

습관을 즐겁게 하기 위한 구체적인 단계

여기까지 읽어오신 여러분은 내적 동기의 중요성에 대해 인식하게 되셨을 것입니다. '새로운 지식을 얻는 것이 즐거워', '원래 좋아했으니까 한다'라고 생각하면서 하는 것 자체가 목적이 되지 않으면 습관의 지속은 간단하지 않습니다.

그런데 여기서 큰 의문을 가지셨을 것입니다.

"보상이나 평가 등 밖으로부터의 동기 부여가 아니라 행동 그 자체를 목적으로 하면 습관이 계속되는 것은 이해했습니다. 즐거운 상태가 되면 의식하지 않고도 습관이 되는 것도 바로 그래서일지도 모릅니다. 그런데 습관을 위한 행동에 익숙해지면 즐겁다고 생각하지만, 좀처럼 그 상태가 되기 어려운 것 아닌가요?"

그 말대로입니다. 영어 공부도 조금 말할 수 있게 되면 즐거워지지만, 즐거워질 때까지 계속할 필요가 있습니다. 오늘 시작하자마자 3일 만에 재미있어지거나 하지는 않습니다. 웨이트 트레이닝이 즐거워지는 것도 자기 몸에 변화가 생기는 등 눈에 보이는 성과가 필요할 것입니다. 그때까지는 '즐겁다'라고 느낄 수 없기에 많은 사람이 작심삼일로 끝나기 쉬워지는 것입니다.

그러면 즐겁다고 느끼는 데 시간이 걸리는 것이라면, 의도적으로 자신이 '즐겁다'라고 느끼게 하면 되는 것입니다. 그 방법 중 하나가 '변화를 주는 것'입니다.

변화가 있어야 즐거움을 느끼기 쉽다면, 의도적으로 변화를 주면 됩니다. 그러면 행동이 질리지 않게 하고, 새로운 즐거움을 발견할 수 있게 됩니다. 예를 들어, 운동 습관을 기르려고 헬스장에 다니고 있던 경우, 2주가 지나면 조금 질리는 사람도 생길지도 모릅니다. 이때 새로운 운동복이나 운동화를 구입해서 스스로 기분을 좋게 하는 것도 '즐겁다'라고 느끼게 하는 한 가지 수단이 될 것입니다.

또한, 헬스장의 러닝머신에서 달렸다면, 같은 거리를 야외에서 달려보는 것은 어떨까요? 평소와는 다른 방식으로 운동하는 등 변화와 도전이 합쳐지면 습관이 새로운 경험과 연결되어 즐거움이 늘어납니다.

'즐겁다'라고 생각하게 만드는 두 번째는 '환경 만들기'입니다. 습관을 위한 행동은 원칙적으로 같은 환경에서 형성됩니다. 웨이트 트레이닝을 하거나 조깅한다고 해도 부하를 계산하지 않으면 안 되기에 같은 환경에서 하는 게 쉬울 것입니다.

하지만 이런 경우에는 아무래도 질리기 마련입니다. 그렇기에 질리지 않게 할 노력이 필요합니다. 습관을 자신의 취미나 좋아하는 것과 결부시켜 긍정적으로 생각하게 만듭니다. 예를 들어, 웨이트 트레이닝을 습관화하고 싶은 사람이 음악을 좋아한다면 웨이트 트레이닝하면서 좋아하는 음악을 듣거나, 어학학습을 습관화하고 싶은 사람이 영화를 좋아한다면, 어학학습을 겸해서 해외의 드라마나 영화를 보는 방법 등입니다.

책상 앞에 앉아서 그저 단어를 외우거나 리스닝하는 것보다는 어학학습이 가깝고 즐겁게 느껴질 것입니다. 기분을 좋게 할 요소를 집어넣음으로써 습관이 즐거운 활동이 되어 의욕이 유지되기 쉬워질 것입니다.

'즐겁다'라고 생각하게 만드는 세 번째는 다른 사람과 습관을 공유하는 것입니다. 습관을 공유해서 동료를 만들어 함께한다면 즐거움이 배로 늘어날 것입니다. 동료와의 교류나 공감을 통해서 긍정적인 에너지가 생겨 습관이 협력이나 즐거움의 요소와 결부되어 의욕이 향상됩니다.

예를 들어 저의 경우, 과거 도쿄 도내에 살고 있었을 때는 러닝이 좋아서 황궁 주변에 모여 그룹을 만들어서 뛰거나 했습니다. 혼자서 뛰어도 상쾌함을 느껴 즐겁지만, 습관이 같은 사람과 함께 뜀으로써 교류가 생기거나 공감하는 등, 혼자서 뛸 때는 얻을 수 없었던 즐거움을 느낄 수 있습니다.

이러한 방법을 도입함으로써 습관을 즐겁게 느껴 내적 동기를 기를 수 있게 됩니다. 습관화의 열쇠가 되는 즐거움을 느낄 수 있게 되면 습관은 자연스럽게 정착됩니다.

03 '즐거워!'라고 외치는 긍정 확언

긍정 확언의 중요성은 몇 번 이야기했습니다. 긍정 확언은 미래의 자신을 먼저 체험함으로써 평상시 머릿속에 보이는 이미지를 변하게 합니다. 그럼으로써 감정도 바뀌고 당시는 무리라고 생각한 것도 무서워하지 않고 도전할 수 있게 됩니다.

긍정 확언은 습관을 '즐겁다'라고 느끼게 되는 데도 큰 효과가 있습니다. 말이 사고나 감정에 큰 영향을 받는 것은 말할 필요도 없을 것입니다. 긍정적인 말은 뇌의 신경회로를 활성화시켜 긍정적인 감정을 일으킨다는 것은 과학적으로도 알려져 있습니다.

'즐겁다'라고 말함으로써 뇌에서 행복감이나 즐거움과 관련 있는 신경 패턴을 불러일으켜 이것이 습관화의 긍정적인 행동과 연결되어 의욕이나 자기효능감을 높입니다.

또한, 긍정 확언은 긍정적인 감정을 강화해 부정적인 감정이나 불안을 감소시키는 역할을 합니다. 습관화 과정은 도전이나 스트레스를 동반하기도 하는데, 긍정적인 말을 사용함으로써 고난에 맞서는 의지나 적극적인 에너지를 유지하는 요소가 됩니다.

이것은 여러분도 경험해본 적이 있을 것입니다. '아, 안 되겠다'라고 느끼게 되면 '아, 진짜 안 되겠다', '모든 게 다 안 풀려', '운이 너무 안 좋아'라고 속으로 몇 번이나 곱씹게 되기 쉽습니다. 그렇게 되면 모든 것에 부정적인 사고패턴이 되어버립니다.

부정적인 사고를 하고 부정적인 언어만을 자신에게 들려주게 되면, 뇌는 그 증거만을 모으게 됩니다. 예를 들어, 언어 공부를 하루 땡땡이치게 되어 '나는 역시 안 돼'라고 자신을 책망하면, 시험에서 낮은 점수를 받았을 때의 일이나 스포츠에서 생각한 것보다 결과가 나오지 않았던 일 등 '잘 풀리지 않았던' 사건을 계속해서 머릿속으로 모으게 됩니다.

부정적인 사이클에 들어가게 되는 것을 피하기 위해서라도 강제적으로 되돌릴 필요가 있습니다. '나는 할 수 있다', '나는 즐겁다'라고 긍정적인 말을 계속 들려줌으로써 '잘 못 하는 나'를 '긍정적인 나'로 바꾸는 것입니다. 그렇기에 습관화가 힘들고 괴롭다고 느껴질 때는 '즐거워!'라고 말함으로써 긍정적으로 생각해야 합니다.

긍정 확언의 효과는 과학적으로도 증명되었다고 이야기했는데, 뇌의 신경 가소성을 활용해서 긍정적인 버릇이나 신념을 구축할 수 있습니다. 뇌는 끊임없이 변화하고 새로운 신경 경로를 형성하고 있기에 긍정적인 긍정 확언을 계속해서 외침으로써 새로운 회로를 형성할 수 있습니다. '즐거워!'라는 말이 습관화에 대한 긍정적인 태도를 뿌리내리고 내적 동기를 강화합니다.

물론 긍정 확언은 자기효능감을 향상시키는 효과도 있습니다. '즐거워!'라고 외치는 긍정 확언은 내적 동기 부여를 강화하고 지속 가능한 습관 형성을 돕습니다.

어떻게 외치면 될까?

긍정 확언을 도입하는 구체적인 단계는 1주 차, 2주 차와 기본적으로는 같습니다. 우선, 매일 같은 시간에 긍정 확언을 합니다. 이 책에서는 하루의 끝에 회고한 후에 긍정 확언을 하는 것을 추천합니다.

그리고 일인칭으로 긍정적이고 구체적인 말로 외치는 것이 중요합니다. 다이어트를 하는 사람의 긍정 확언이라면 '나는 즐기고 있어!', '나는 즐기면서 체중이 65kg이 되었어!'와 같은 형태가 될 것입니다.

또한, 현재형으로 자신이 바라는 명확한 이미지로 표현해야 합니다. '나는 즐기고 있어!'와 같은 현재형의 표현으로 외칩시다. 그럼으로써 성취감을 현재의 상태로 인식해 그것을 더욱 강하게 실감합니다. 그리고 자신이 바라는 이미지를 구체적인 말로 긍정 확언해주세요.

예를 들어, '나는 즐기면서 살을 빼고 있다'라는 표현보다는 '나는 즐거워하면서 살을 빼서 체중이 65kg이 되었어'라고 하는 편이 뇌가 이미지를 구체적으로 그려내기에 뇌의 'GPS 기능'을 더 잘 활용할 수 있습니다.

물론, 긍정 확언의 내용은 자신의 목표나 가치관에 맞는 내용으로 합니다. 자신이 나아갈 방향이나 중요하게 여기는 가치관을 바탕으로 구체적인 단어를 고릅니다.

1주 차, 2주 차와 마찬가지로 긍정 확언할 내용을 써 나가봅니다. 미리 정해두지 않으면 외칠 내용을 매일 그 자리에서 생각해야 하기에 행동의 허들이 올라가게 됩니다.

사소한 일일지도 모르지만, '오늘은 무엇을 할까?'라고 생각하는 작업을 매일 해야 한다면, 의외로 귀찮고 어렵게 느껴집니다. 쓴 것을 3주 차의 첫날, 둘째 날, 셋째 날, 넷째 날 외치는 것이 하기 쉬울 것입니다. 물론, '그렇게 되면 혹시나 매너리즘에 빠지게 되지 않을까?'라고 생각하는 사람은 매일 다른 내용으로 해도 괜찮습니다.

그리고 긍정 확언을 외칠 때는 감정을 넣는 것이 좋습니다. 그저 감정 없이 읽어내리거나 단순히 소리를 내는 것이 아니라, 감정을 넣음으로써 자신에 대한 자기효능감을 높입니다.

이러한 점들에 주의하며 '즐겁다!'라고 외치는 긍정 확언은 자기효능감을 높이고 습관화하는 데 도움이 될 것입니다.

회고는 인지과학의 관점에서 굉장히 중요하지만, 1주 차, 2주 차와 3주 차에서는 각각 조금 포인트가 달라집니다.

1주 차, 2주 차는 점차 진행해갈수록 자기효능감을 높이거나 유지하는 것이 큰 목적이었습니다. 예를 들어 복근 운동이라면, 1주 차에서는 작게 쪼개서 해내면서도 횟수를 채움으로써 '나는 할 수 있어!'라는 의식을 계속 심어줍니다.

2주 차에서는 눈높이를 조금씩 높여 횟수를 늘려가면서도 그것을 뛰어넘은 자신을 회고함으로써 자기효능감을 높이 유지하는 것이 포인트였습니다.

반면, 3주 차에서는 같은 횟수를 일주일간 이행합니다. 이 일주일을 회고함으로써 자기효능감을 유지할 수 있을 뿐만 아니라 동시에 내적 동기를 강하게 느낄 수 있게 됩니다.

행위 그 자체를 즐기는 자신을 재확인하면서 지금 행동의 연장선에 있는 '되고 싶은 자신'도 다시금 이미지화합니다. 이 단계에서는 행동 그 자체를 즐겁게 느끼고 있지만, 장래 목표가 있는 쪽이 습관을 오래 이어갈 수 있기에, '되고 싶은 자신'의 이미지화를 재강화해둡시다.

그러면 함께 3주 차를 회고해봅시다.

1. 달성한 것을 회고한다

먼저, 자신이 3주 차에서 달성한 것이나 성공 체험에 초점을 맞춰주세요. 이것은 긍정적인 감정을 강화해서 의욕을 유지하는 데 도움을 줍니다.

| 구체적인 질문 |

- 3주 차를 진행하면서 기뻤던 일은 무엇이었나요?
- 즐거움이나 보람을 느낀 순간은 있었나요? 어떤 기분이 들었나요?

2. 과제나 고난을 회고한다

다음으로, 3주 차에서 직면한 과제나 고난을 회고합니다. 감정이나 행동의 배후에 있는 이유를 이해하는 것이 중요합니다.

| 구체적인 질문 |

- 직면한 과제나 고난은 무엇이었나요?
- 그것들에 어떻게 대처했나요?
- 고난을 통해 배운 것이 있나요?

3. 목표와의 일치성을 확인한다

달성된 성과나 경험을 자신의 장기적인 목표에 비춰보면서 현재의 진척 상황과의 일치성을 확인합니다. 목표가 적절했는지를 검토해서 필요하다면 수정해서 이미지화를 재강화합니다.

| 구체적인 질문 |

- 설정한 목표를 시작 시점을 기준으로, 어느 정도로 진척했나요?
- 목표나 느슨한 계획이 실현 가능했다고 생각하나요?
- 현재의 행동이 장기적인 목표와 일치하나요?

4. 4주 차 이후의 행동 계획

회고의 마지막 단계로, 얻은 깨달음을 바탕으로 다음 주의 느슨한 계획을 수정하거나 추가하고 싶은 행동 계획을 세워 다음 주 이후를 위한 준비를 합니다.

이 단계에서 최초 계획을 이어가는 게 어렵다면 지속 가능한 형태로 변경해도 괜찮습니다. 예를 들어, 3주 차까지 힘내서 본래 설정한 목표였던 복근 50회를 클

리어했지만, '아무래도 계속하는 것은 어려울 것 같다'라고 느꼈다면 40회로 내려도 괜찮습니다.

| 구체적인 질문 |

• 현재의 목표나 느슨한 계획을 수정할 필요가 있나요?
• 다음 주에 하고 싶은 행동 계획이 있나요?

3주 차 회고 후에 긍정 확언을 해주세요.

에필로그

습관이 평생
지속되는 세계로

'3주 습관 전략'은
이것으로 끝입니다.
여기까지 따라온 여러분의 뇌는
이제 자연스럽게 '계속하지 않으면 기분이 나쁜 상태'라고
느끼게 되었을 것입니다.

그리고 '습관이 평생 이어지는' 상태가 된 여러분은
그것 이상의 장점을 누릴 수 있게 되었습니다.
예를 들어, 습관은 한 가지를 몸을 배게 만들면
다른 여러 가지 좋은 습관도 파생한다는 것입니다.

에필로그에서는
그러한 '습관이 정착된 이후의 세계'를
더 구체적으로 소개하면서
이 책을 마무리해볼까 합니다.

'하나의 좋은 습관'이 몸에 배면, 여러 가지 좋은 습관이 따라온다

그러면 지금까지 습관 만들기를 위해서 3주간의 노력을 해왔는데 어떠셨나요? 혹시나 '3주 동안 계속했지만, 그다지 습관이 몸이 밴 실감이 나지 않는다'라는 사람도 있을지도 모릅니다. 하지만 그것이 바로 여러분이 습관화를 확실하게 손에 넣었다는 증거입니다.

이 책의 서두에서 이야기한 것과 같이 습관 형성에 성공했다면, 습관화를 위한 행동은 일상생활에 자연스럽게 녹아들어갑니다. '해내자!', '힘내자!'와 같은 의식 없이도 행동할 수 있게 됩니다. 양치나 샤워와 같이 매일 아무 생각 없이 하는 활동에는 심리적인 저항감을 그다지 느끼지 않는 것과 같습니다. 가끔 하는 것, 전혀 새로운 것에 귀찮다고 느끼는 것입니다.

이것은 인간의 뇌 구조와 관련이 있습니다. 인간의 뇌는 같은 행동이나 정보에 반복해서 노출되면 그것을 효과적으로 처리해서 자동으로 반응하게 됩니다.

자전거를 탈 때 어떻게 페달을 돌리는지, 자동차에 탈 때 어떻게 달리기 시작하는지, 초심자인 사람 이외에는 생각하지 않아도 사고를 내는 일 없이 운전할 수 있는 것이 알기 쉬운 예일 것입니다. 처음에는 의도적인 노력이 필요하지만, 시간이 흘러가면서 무의식적으로 행동할 수 있게 됩니다.

　물론, 노력만으로 뇌는 움직여주지 않습니다. 보상이 필요합니다. 예를 들어, 자전거를 타는 연습을 하는 것도 자전거를 타면 걷는 것보다 즐겁게 멀리까지 갈 수 있다는 동기가 있기 때문입니다. 운전면허를 따면 연인과 먼 곳까지 데이트할 수 있고, 스포츠카를 타면 인기가 많을 것이라는 동기로 자동차를 운전하고 싶다고 생각하는 사람도 있을 것입니다.

　이 책의 '3주 습관 전략'은 뇌의 자동화 인지 과정을 의도적으로 사용함으로써 행동을 3주 동안 자동화하기 위한 방법입니다. '되고 싶은 자신', '동경하는 모습'을 이미지화해서 '뇌의 GPS 기능'을 작동시켜 이미지화를 실현하기 위한 습관화 행동이 중요하다고 뇌에 인식시킵니다.

　습관화를 위한 행동은 무리하지 않도록 작은 부하에서 시작해서 '나는 할 수 있다!'라고 하는 자기효능감을 높입니다. 그리고 부하를 단계적으로 올려도 목표를 계속 이룸으로써 행위 그 자체를 즐기는 상태를 만들어냅니다. 자각하지 못할지라도, 이

3주 동안 습관 형성을 위해 노력한 여러분의 뇌 구조는 확 바뀌어 있을 것입니다.

그리고 이 '3주 습관 전략'을 몸에 익힌 여러분은 큰 무기를 손에 넣은 것이 됩니다. 하나의 습관을 몸에 지니면 모든 습관을 몸에 지닐 수 있다고 해도 과언이 아닐 것입니다.

이것은 인지과학의 세계에서 '키스톤 해빗(keystone habit, 중요한 습관) 효과'라고 불립니다. 키스톤 해빗이란, 하나를 몸에 익히는(혹은 바꾸는) 것으로 생활의 다른 면에 큰 영향력을 가지는 습관입니다. 〈뉴욕타임스〉 기자인 찰스 두히그(Charles Duhigg)의 《The Power of Habit(습관의 힘)》을 통해 널리 알려지게 되었습니다.

같은 행동을 계속해서 반복하면, 뇌가 바뀐다는 것은 몇 번이고 이야기했습니다. 이것은 뇌가 변화해서 새로운 신경 결합을 형성하기 때문입니다. 그리고 같은 행동을 반복해서 좋은 습관을 몸에 지니면 그 과정이 다른 좋은 습관의 형성에도 영향을 줍니다. 뇌 안에서 한번 신경 결합이 형성되면 다른 행동에서도 같은 패턴이 적용되기 쉬워집니다.

그럼으로써 좋은 습관이 정착되면 자동으로 좋은 순환이 생깁니다. 예를 들어, 매일 아침 산책하는 것을 습관화했다면, 자연스럽게 아침에 일찍 일어나는 습관도 몸에 배게 됩니다. 또한, 그럼으로써 빨리 자게 되어 수면 습관의 향상으로도 연결되기도 합니다.

수면의 질이 좋아짐으로써 식사 역시 신경 쓰게 되어 식생활도 개선하게 될지도 모릅니다. 즉, 아침 산책이 키스톤 해빗이 되어 생활 습관이 크게 바뀝니다. 이것을 해빗 루프(habit loop, 습관 순환)라고 부르는데, 이 상태가 되면 다른 습관을 형성하는 것도 간단해집니다.

키스톤 해빗이 기점이 되어 한번 움직이면 주위에 파급되어 그것이 다른 영향의 출발점이 되는 것입니다. 하나의 습관이 몸에 배면 심리적으로도 큰 효과가 있습니다. 하나의 습관을 몸에 배게 했다는 성공 체험이 계기가 되어 '다른 습관도 몸에 익힐 수 있다'라는 좋은 영향을 불러일으킵니다.

하나의 습관을 몸에 지니게 됨으로써 '나는 할 수 있다!'라고 자기효능감도 향상되고 다른 습관에도 적용할 자신감이 생깁니다. 자기효능감이 높아져 있기에 점점 더 의욕적으로 도전할 수 있습니다.

긍정적인 행동이 이어짐으로써 뇌는 보상계를 더욱 활성화하고, 그 결과 새로운 행동 패턴이 강화됩니다. 예를 들어, 제 경우 영어를 공부해서 습득할 수 있었기에 '이번에는 중국어 공부를 하자'라고 자연스럽게 새로운 어학 공부를 시작하게 되었습니다. 하나의 성공 체험을 쌓음으로써 '할 수 있을까…'라고 불안해하지 않고 '영어를 할 수 있었으니 중국어도 할 수 있는 게 당연하잖아'라고 자기효능감이 높은 상태에서 중국어 학습을 습관화할 수 있습니다.

또한 식생활을 바꾸려고 점심을 많이 먹지 않으려고 노력했더니, 밥 먹은 후에 식곤증도 없어져서 업무의 생산성이 극적으로 좋아졌습니다. 그 결과, 일찍 퇴근할 수 있게 되어 일찍 자고 일찍 일어나는 습관도 몸에 지닐 수 있게 되었고, 가족들과의 시간을 확보할 수 있게 되었습니다.

하나의 좋은 습관을 몸에 지니게 되니 그것이 뇌의 구조나 심리적인 과정에 영향을 주어 다른 많은 습관 형성으로 이어집니다. '하나의 좋은 습관'을 몸에 지니면 시너지 효과로 '모든 좋은 습관'이 몸에 배어 인생을 앞으로 나아가게 하는 힘이 단번에 늘게 됩니다.

체형이 바뀌면 모든 것이 바뀐다

저의 클라이언트 중에도 '하나의 습관'을 몸에 배게 하니 '모든 좋은 습관'이 몸에 배게 되었다는 분들이 많습니다.

예를 들어, 40대로 IT 기업의 매니저인 분은 먼저 운동 습관

개선을 위해 노력했습니다. 헬스장을 계속 다니면서 습관화에 성공하게 되었고, 이를 통해 체력이 좋아져 피곤함을 느끼지 않게 되었습니다.

체력이 좋아짐으로써 아침 시간을 유용하게 활용하자고 생각해 일찍 일어나는 습관화에도 성공하는 선순환이 생겨 아침 시간을 독서에 할애할 수 있게 되었습니다. 운동 개선의 습관화가 독서의 습관화로 이어진 것입니다. 그리고 책을 읽음으로써 식견이 넓어져 비즈니스 아이디어가 샘솟게 되었습니다.

또한 운동이나 아침에 일찍 일어나는 습관 덕분에 건강에 관한 관심이 높아졌습니다, 균형에 맞는 식생활을 하기 위해 다이어트를 시작했고, 멋지게 성공했습니다. 6개월간 10kg이나 감량해 그 체중을 지금도 유지하고 있습니다. 내면뿐만 아니라 외형도 바뀌니 자신감이 생겼다고 합니다. 업무와 관련된 인간관계에서도 적극적으로 된 결과, 회사에서도 승진 기회를 얻게 되었습니다.

또 다른 사람은 40대의 주부입니다. 그녀는 정크 푸드나 튀긴 음식을 좋아해서 당질을 너무 많이 섭취하는 경향이 있었기에 식생활 개선을 위해 노력했습니다. 식사 습관을 고쳤더니 효과는 즉각적으로 나타났고, 몰라볼 정도로 건강해졌습니다. 수면의 질이 향상되어 잠도 잘 자게 되었고, 수면 습관의 개선에도 연결되었습니다.

저는 코칭 클라이언트들에게 명상을 추천합니다. 그녀에게도 권했더니 기분이 안정되고 스트레스 내성이 향상되어 가정에서 커뮤니케이션도 좋아졌다고 합니다. 건강한 생활을 보낼 수 있게 되면 어떤 일에도 적극적으로 됩니다. 생활에도 여유가 생겨 공부도 시작했습니다. 그녀는 이전부터 투자에 흥미가 있었지만, 그동안에는 정신적으로 시작할 여유가 없었다고 합니다. 하지만 습관 형성의 연쇄 작용으로 투자 공부도 시작하게 되었습니다.

마지막으로, 습관의 폭이 넓어지는 체험을 한 사람을 소개하겠습니다. 50대의 회사 경영자입니다. 그는 "체력이 떨어진 것을 확 느껴서 대책을 마련하고 싶다"라며 상담을 요청했고, 운동 습관을 개선하기로 했습니다.

그는 지금까지 전혀 운동 습관이 없었기에 아침 산책부터 시작했습니다. 그런데 지금까지 올빼미형이었던 생활을 아침형으로 바꾸자 체력이 생겼을 뿐만 아니라 아침 시간도 유용하게 사용할 수 있게 되었습니다.

또한, "업무적으로 해외 거래처와의 미팅도 있기에 영어 공부를 시작하고 싶다"라는 의욕이 있었기에 영어 공부를 새롭게 습관화했습니다. 실제로 신규 사업을 시작해 비즈니스가 확대했고, 회사 매출 및 이익 상승으로 이어졌습니다.

'하나의 좋은 습관'이 몸에 배면 '보이는 경치'가 180도 달라진다

하나의 습관이 몸에 배는 것은 여러분이 생각한 것 이상으로 큰 효과가 있습니다. 새벽에 조깅하는 습관이 몸에 배게 함으로써 일찍 일어나는 습관도 기르고 식생활이 개선되는 등 좋은 사이클이 만들어집니다.

이 사이클의 순환으로 여러분에게 '보이는 경치' 역시 바뀌게 될 것입니다. '보이는 경치'가 180도 바뀜으로써 인생 자체가 완전히 달라집니다. '하나의 습관에 의해 인생이 달라진다니 너무 과장 아닌가요?'라고 생각하는 분들도 있을 것입니다. 하지만 이것은 과장이 아닙니다.

이것은 인지과학의 관점에서도 분명한 사실입니다.

복습을 겸해 습관화의 대단함에 대해 다시 한번 이야기하겠습니다. 먼저, 습관화는 뇌 자체를 변화시킵니다. 몇 번이고 이야기했지만, 습관화는 뇌의 가소성에 작용해 새로운 뉴런 결합을 형성합니다. 좋은 습관을 반복함으로써 행동과 긍정적인 감성이 결합되어 뇌의 신경회로가 변하고, 습관화와 관련된 특정한 행동이나 사고가 강화됩니다.

그리고 하나의 좋은 습관에 의한 변화가 좋은 패턴으로 인식되어 다른 습관 형성에도 연결됩니다. 습관의 효과는 뇌의 보상계에도 영향을 줍니다. 예를 들어, 건강한 습관을 익힘으로써 컨디션이 개선되거나 상쾌함이나 성취감을 얻거나 즐겁다고 느끼게 됩니다. 이러한 경험이 내적 동기를 충족시켜 '이것이라면 다른 것도 할 수 있을지도 몰라' 하면서 다른 좋은 습관을 만들고 싶다고 생각하게 됩니다.

긍정적인 습관을 몸에 지님으로써 자기효능감도 높아집니다. 하나의 습관을 성공시킨 경험이 다른 습관화나 목표 달성에도 자신감을 불러옵니다. 그럼으로써 새로운 습관화나 목표를 향해 달려갈 의욕이 높아집니다.

습관화 과정은 '나는 할 수 없어', '무리야. 그만두자'라고 하는 기분을 되도록 품지 않게 하는 과정입니다. 조금씩 허들을 넘으면서, '나라면 할 수 있어!'라고 자기효능감을 높여 행동을 긍정적인 정서와 의도적으로 연결시킴으로써 뇌가 긍정적으로 생각하도록 새로 다시 만드는 과정이라고도 할 수 있습니다.

큰 목표를 처음 세우자마자 그것을 향해 돌진한다면, 성취감을 얻을 수는 있겠지만, 3주 동안 습관화하기를 원한다면 굳이

하지 않는 편이 좋습니다. 습관화는 매일 조금씩이라도 성공 체험을 쌓음으로써 누구나 몸에 배게 합니다. 의지나 노력 등을 하지 않아도 하는 방법만 틀리지 않으면 할 수 있습니다.

그리고 하나의 습관을 익히면 세계가 바뀝니다. 어떤 사람이라도 습관화를 손에 넣게 되면, 이것은 세계를 바라보는 눈을 바꿀 수 있는 무기가 됩니다. 하나의 습관만 몸에 익히게 되면 마치 새로운 렌즈를 통해 세상을 바라보는 것처럼 '보이는 경치'가 180도 바뀝니다.

세상을 바라보는 눈은 어떻게 바뀔까?

그러면 어떤 식으로 세상을 바라보는 눈이 바뀌는 것일까요. 구체적인 예를 소개해보겠습니다.

1. 나의 경우(45세, 남성, 경영자)

저는 8년 전까지 외국계 기업에서 낮이고 밤이고 일했습니다. 결혼할 당시에는 '일이 아무리 바빠도 가족과의 시간을 소중히 하며 살아가겠다'라고 결심했지만, 방대한 양의 업무에 쫓겨 주말에도 일하는 날이 많아졌습니다. 가끔 휴일이 생겨도 무엇을 하려는 기력이 없어서 가족의 부탁도 거절하고 침실에서 보냈습니다. 당시 외로워하던 아이와 아내의 표정은 지금도 잊히지 않습니다. 아무래도 이렇게는 안 되겠다는 생각이 들었지만, 그 상태를 바꾸려고 해도 작심삼일로 끝나기 일쑤였습니다.

그 무렵 기업가나 경영자가 모이는 커뮤니티에 조금 흥미가 생겨 참가했는데, 이 세상에는 정해진 시간에 큰 성과를 내고, 자신의 시간을 즐기는 사람도 많다는 것을 알게 되었습니다. 개인 생활을 전혀 희생하지 않고 한 달에 몇백만 엔 단위로 벌고 있는 사람이 매우 많았습니다. 어떻게 하면 그들처럼 될 수 있을까 고민했습니다. 그러다가 '그들의 생활 패턴을 흉내내보자'라고 생각해 생활 습관을 바꾸겠다고 결심했습니다.

먼저, 식생활을 바꿨습니다. 아침 식사나 점심을 가볍게 먹음으로써 체중도 줄고 당질을 줄여 혈당치의 급격한 변동을 막아 업무 집중력이 높아졌습니다. 생산성도 높아져 자신의 시간을 만들 수 있게 되어 빈 시간에는 헬스장을 다니기 시작했더니, 근육도 붙기 시작했습니다. 외견이 바뀌니 신기하게도 어떤 일이든 자신감을 가지게 되어 공과 사 모두 적극적으로 사람과 어울리게 되었습니다.

잔업이나 주말 근무가 눈에 띄게 줄었고 가족관계도 개선했습니다. 지금은 외국계 기업을 퇴직해 의료분야 회사 두 군데서 경영을 하고 있습니다. 제가 경영에 관여하고부터 7년간 회사의 매출이 100억 엔에서 188억 엔까지 성장했습니다. 식생활 개선으로 일도, 가정도 완전히 호전되었습니다.

2. A씨의 사례(50세, 여성, 관리직)

A씨는 굉장히 바쁜 전문직 여성으로, 업무 부담이나 스트레스로 고민이 많은 상태였습니다. 그녀는 저에게 코칭을 받고 스트레스 해소를 목적으로 일하러 가기 전에 산책하는 습관을 만들기 시작했습니다. 처음에는 큰 변화를 느끼지 못했지만, 그 습관이 서서히 그녀의 일상에 스며들자 변화가 보였습니다.

먼저, 산책하면서 느낀 자연의 아름다움이나 신선한 공기가 그녀의 스트레스를 덜어주고 마음의 평정을 얻게 했다고 합니다. A씨는 매일의 일 관련 고민에서 해방되어 상쾌한 기분으로 일을 하러 갈 수 있게 되었습니다.

이러한 작은 습관을 몸에 익혀 생긴 변화는 마음의 건강만이 아니었습니다. A 씨는 서서히 컨디션도 개선할 수 있게 되어 운동 부족에서 온 신체적으로 좋지 않았던 건강 문제도 해소할 수 있었습니다. 그녀는 이것을 계기로 식생활 습관이나 수면 패턴을 재검토해 건강한 생활을 보낼 수 있게 되었습니다.

그것뿐만이 아닙니다. 산책 시간이 그녀의 창조성을 자극해서 업무 아이디어나 관점을 발견할 수 있도록 도움을 주었습니다. 그녀는 일할 때도 유연하고 효과적인 해결 방법을 도입함으로써 업무에서도 예전보다 더 성과를 낼 수 있게 되었습니다.

이 습관에 의한 혁명은 인지과학적인 변화에도 근거하고 있습니다. 산책이라는 운동은 뇌에 산소를 공급해 새로운 신경회로를 개척하는 데 도움을 줍니다. 이것이 그녀의 사고를 유연하게 만들어주고, 문제해결 능력의 향상으로 연결된 것입니다. A씨의 산책 습관은 생활 습관의 재검토로 연결되어 개인적인 인간관계에도 좋은 영향을 끼쳤습니다. 그녀의 긍정적인 에너지가 주변 사람들에게도 전달되어 가족이나 친구, 직장 동료들과의 관계도 좋아졌습니다.

3. B씨의 사례(40대, 남성, 회사원)

B씨는 부정적인 사고를 하고, 무엇이든 미루는 성격에 고민이 많았습니다. '어떻게든 자신을 바꾸고 싶다'라는 그에게 제가 권한 것은 '매일 행동 계획을 설정하는 습관 만들기'입니다. 매일 아침 그는 5분 정도 걸려서 종이에 그날의 행동을 써넣었습니다. 할 것, 하지 않을 것을 명확하게 해서 행동의 우선순위를 정하는 작업입니다. 처음에는 작은 행동부터 시작해서 성공 체험을 쌓아나가 서서히 난도를 올려나갔습니다.

이 작은 행동이 그의 일상에 변화를 불러왔습니다. 먼저, 행동 계획 설정 과정이 그에게 명확한 방향성을 제공해서 매일 목적을 가질 수 있게 했습니다. 이것이 그의 의욕을 자극해 미루는 습관이 줄어들기 시작했습니다. 작은 성공 체험이 그의 자기 평가를 바꿔 스스로 할 수 있다는 신념도 커졌습니다. 이것이 새로운 도전에 과감하게 맞설 수 있는 원동력이 되어 그는 업무 커리어나 개인적인 목표에서 멋진 성과를 올렸습니다.

행동 계획의 습관화는 업무 이외에도 좋은 영향을 주었습니다. 매일 행동을 계획하게 됨으로써 친구나 동료와의 커뮤니케이션에도 적극적으로 되었고, 더욱 깊은 유대감이 생겨 협력관계를 구축했습니다.

내면에도 변화가 찾아와 계획을 세우고 그것을 이루는 것을 반복함으로써 스트레스 내성이 향상되어 '고난 상황에도 긍정적으로 접근할 수 있게 되었다'라고 합니다.

마음이 안정되자 확연하게 행복한 표정을 짓게 되었습니다. 매일의 행동 계획이라는 하나의 작은 습관이 인생에 큰 변화를 불러일으킨 것에 대해 B씨 자신도 굉장히 놀라고 있습니다.

이 책을 손에 쥔 여러분은 '3주 만에 습관화할 수 있다니, 말도 안 돼'라고 생각했을 것입니다. 그렇게 생각하는 것도 무리는 아닙니다. 습관을 정착하는 데는 긴 시간이 필요하다고 생각하는 사람이 대부분이기 때문입니다.

하지만 이 책에서 이야기한 인지과학과 코칭의 기술을 사용하면 누구나 긴 시간을 들이지 않고도 포기하지 않고 습관화할 수 있습니다. 제가 알려드리는 습관화 방법은 지금까지의 습관화 상식에서 보면 굉장히 비상식일 것입니다. 물론, 제가 전하는 습관화 방법을 배워 실천한 사람들은 모두 포기하지 않고 새로운 습관을 몸에 익힐 수 있었습니다. 그뿐만 아니라 더 놀라운 일이 생겼습니다. 하나의 습관을 몸에 익힌 후에는 일이나 가정 등, 인생이 전반적으로 잘 풀리기 시작한 것입니다.

세상에는 습관화할 수 없어서 고민하는 사람이 많습니다. 저는 과거에 그런 사람 중 한 명이었습니다. 목표를 달성하려고 하거나 새로운 도전을 해도 작심삼일로 끝나버렸던 경험이 몇 번이나 있습니다.

그렇기에 '열심히 노력했는데 도무지 습관이 몸에 배지 않는다'라고 고민하는 사람에게 도움이 되고 싶다는 생각에 이 책을 쓰게 되었습니다. 한 분이라도 많은 분에게 이 책이 인생을 바꾸는 계기가 되었으면 좋겠다는 일념으로 제가 쌓아온 습관화 방법을 아끼지 않고 모두 쏟아부었습니다.

마지막으로 이 책을 편집하기 위해서 수고해주신 ㈜SB 크리에이티브의 미즈하 쇼우(水早將) 씨, 저의 마음을 이해해주고 책으로 만드는 힘을 빌려주신 ㈜SB 크리에이티브의 요시노 타이치(吉尾太一) 편집장에게 진심으로 감사드립니다.

　예전의 저처럼 열심히 힘내도 습관화할 수 없었던 분들이 이 책을 통해 습관화 방법을 몸에 익힐 수 있다면, 저자로서 그 이상의 행복은 없습니다. 여러분이 풍요로운 인생을 손에 넣을 수 있게 되기를 진심으로 바랍니다.

3주의 기적, 내 삶을 바꾸는

습관의 힘

제1판 1쇄 2025년 10월 24일

지은이   나고네 슈
옮긴이   최윤경
감 수   서승범
펴낸이   한성주
펴낸곳   ㈜두드림미디어
책임편집   배성분
디자인   디자인 뜰채 apexmino@hanmail.net

㈜두드림미디어

등   록   2015년 3월 25일(제2022-000009호)
주   소   서울시 강서구 공항대로 219, 620호, 621호
전   화   02)333-3577
팩   스   02)6455-3477
이메일   dodreamedia@naver.com(원고 투고 및 출판 관련 문의)
카   페   https://cafe.naver.com/dodreamedia

ISBN   979-11-94223-97-9 (03190)

**책 내용에 관한 궁금증은 표지 앞날개에 있는 저자의 이메일이나
저자의 각종 SNS 연락처로 문의해주시길 바랍니다.**

책값은 뒤표지에 있습니다.
파본은 구입하신 서점에서 교환해드립니다.